[美] 里克·沃兹曼 编著　[美] 安妮·菲什拜因 摄影　[美] 布里奇特·劳勒 策划
（Rick Wartzman）　　（Anne Fishbein）　　　（Bridget Lawlor）

辛弘　柳亚涛　译

# 德鲁克
## 一位智者的人生影像
### DRUCKER
### A Life in Pictures

机械工业出版社
CHINA MACHINE PRESS

Rick Wartzman. Drucker: A Life in Pictures
ISBN 978-0-07-170046-7
Copyright © 2013 by Rick Wartzman.

Simplified Chinese Translation Copyright © 2024 by China Machine Press.

All Rights reserved. No part of this publication may be reproduced or transmitted in any form or by any means, electronic or mechanical, including without limitation photocopying, recording, taping, or any database, information or retrieval system, without the prior written permission of the publisher.

This authorized Chinese translation edition is published by China Machine Press in arrangement with McGraw-Hill Education (Singapore) Pte. Ltd. This edition is authorized for sale in the Chinese mainland (excluding Hong Kong SAR, Macao SAR and Taiwan).

Translation Copyright © 2024 by McGraw-Hill Education (Singapore) Pte. Ltd and China Machine Press.

版权所有。未经出版人事先书面许可，对本出版物的任何部分不得以任何方式或途径复制传播，包括但不限于复印、录制、录音，或通过任何数据库、信息或可检索的系统。

此中文简体翻译版本经授权仅限在中国大陆地区（不包括香港、澳门特别行政区及台湾地区）销售。

翻译版权 © 2024 由麦格劳 - 希尔教育（新加坡）有限公司与机械工业出版社所有。

本书封面贴有 McGraw-Hill Education 公司防伪标签，无标签者不得销售。

北京市版权局著作权合同登记　图字：01-2023-2158 号。

## 图书在版编目（CIP）数据

德鲁克：一位智者的人生影像 /（美）里克·沃兹曼（Rick Wartzman）编著；（美）安妮·菲什拜因（Anne Fishbein）摄影；（美）布里奇特·劳勒（Bridget Lawlor）策划；辛弘，柳亚涛译. -- 北京：机械工业出版社，2024.11. -- ISBN 978-7-111-76030-6

Ⅰ．C93-097.12

中国国家版本馆 CIP 数据核字第 2024Y23K16 号

机械工业出版社（北京市百万庄大街 22 号　邮政编码 100037）
策划编辑：李文静　　　　责任编辑：李文静
责任校对：龚思文　张昕妍　责任印制：张　博
北京联兴盛业印刷股份有限公司印刷
2024 年 11 月第 1 版第 1 次印刷
170mm×230mm・12 印张・2 插页・113 千字
标准书号：ISBN 978-7-111-76030-6
定价：99.00 元

电话服务　　　　　　　网络服务
客服电话：010-88361066　机　工　官　网：www.cmpbook.com
　　　　　010-88379833　机　工　官　博：weibo.com/cmp1952
　　　　　010-68326294　金　书　网：www.golden-book.com
封底无防伪标均为盗版　机工教育服务网：www.cmpedu.com

# 前言

彼得·德鲁克一直享受自己的局外人角色,用他自己的话讲,就是当一个"旁观者"。

"旁观者没有自己的历史。他们在戏台上,却不是戏中角色。他们连观众也算不上。戏的命运、演员的命运,全都系于观众,而旁观者的反应,除了对自己有影响,其他什么作用也没有。旁观者就好像坐镇剧院的消防员,他们站在侧台上,看到的是演员和观众都未留意的东西。特别是,旁观者看待问题的方式既不同于演员,也不同于观众。旁观者会省思,而省思是棱镜,不是镜子;棱镜会折射。"德鲁克在《旁观者》一书中这样写道。

不会有人否认,德鲁克拥有不可思议的观察能力。用德鲁克自己的话讲,他拥有"从窗户里看出去,看到那些已然可见,但无人看见的事物"的能力。凭借这样的能力,他在别人还没有发现以前,就已觉察出20世纪的若干重大趋势和事件:日本即将崛起成为经济大国、生产制造活动向知识工作的转变、服务业变得越来越重要、苏联解体。"彼得·德鲁克的眼里,定是装着水晶球。"哈佛大学的罗莎贝斯·莫斯·坎特曾经这样赞叹。

德鲁克称自己不过是一个旁观者，但那是不准确的。他不是只站在侧台上面，而是身在戏中长达70年。很多时候，他是主角，或是导演，或是编剧，或身兼这三个角色。

本影像集收录的照片，旨在呈现德鲁克的不同角色，包括移民德鲁克、作家德鲁克、教师德鲁克、咨询顾问德鲁克、家人德鲁克、朋友德鲁克。作为移民，他在20世纪30年代逃离纳粹的控制。作为一名作家，用《大西洋月刊》高级编辑杰克·贝蒂的话讲，他丰富的著述产生的"积极影响之大"，可以说50年来无人可比。作为咨询顾问，他的客户遍布世界各地，包括公司、非营利组织和政府机构。他也是一位顾家的男人和别人的朋友。照片中的物品大都来自德鲁克档案馆，该馆属于克莱蒙特研究生大学的德鲁克研究所（Drucker Institute）。

书中的图片说明由我撰写，旨在对德鲁克一生中诸多重要的主题和片段进行串讲。书中还穿插着德鲁克在不同年代接受的一些采访。

德鲁克还喜欢向人发问，其中最犀利的问题当然是："你想以什么被人记住？"正如本书所揭示的，德鲁克对组织的管理方式，进而对我们社会的形塑产生了巨大的积极影响，他的这一点将被世人长久铭记。

话虽如此，本书却无意成为一本权威的影像传记。德鲁克档案馆的馆藏并不齐全，根本不足以支持这样的尝试，这是憾事一桩。馆藏匮乏的责任，主要在德鲁克先生本人。简而言之，他不爱收藏。

德鲁克为何没有保留更多信函和其他资料，原因已经无法查究。他与诸多知名人物交往密切，例如通用汽车公司的传奇董事长阿尔弗雷德·斯隆，又如发明家兼哲学家巴克敏斯特·富勒，还有传媒理论学家马歇尔·麦克卢汉，等等。他在丢弃与这些人的往来信函之时，丢掉的究竟是多么丰富的历史，如今我们只能凭空去想象。

我想，德鲁克之所以没有保留更多关于往事的片段，原因大概有两个。其一，虽然德鲁克总是以往事为师，但他总是坚定地着眼于未来。"不先摆脱昨天，就不可能创造明天。"他这样告诫组织。其二，为后世存档多少带有虚荣的成分，而德鲁克无论如何不是一个很自我的人。

尽管如此，德鲁克档案馆的藏品还是相当丰富的，有文件、照片、视频、奖品和教具共计一万多份，足以为这个特别的人物讲出一个精彩的故事。档案馆是1998年正式启用的，那是德鲁克逝世的7年前，他时年88岁。但是，档案馆的非正式筹建启动得更早一些。德鲁克的挚友、德鲁克研究所荣誉主席鲍勃·班福德做了一笔很有远见的投资——他买了若干纸板箱，开始从德鲁克的车库里慢慢往外搬东西。要不然，东西不是长霉，就是像班福德说的"让老鼠啃了"。后来，德鲁克的遗孀多丽丝（Doris）

每次在屋内发现一些东西后，便送来档案馆以丰富藏品。

特别是，档案馆近些年来加大力度在整个美国乃至全球各地搜集德鲁克的旧物，新增了不少馆藏，其中很多就呈现在本书当中。这种主动出击的做法，要归功于我们的档案管理员布里奇特·劳勒。她在2009年夏天加入研究所，这个倡议是她提出来的，也是她在热情地推进。这本书是她和我一起策划的。

参与本书制作的另一位成员是安妮·菲什拜因。她精湛的摄影技术给本书增色不少。她才华横溢，作品曾被众多机构收藏或展出，包括芝加哥艺术学院、洛杉矶县艺术博物馆、纽约现代艺术博物馆、旧金山现代艺术博物馆，等等。

布里奇特、安妮和我三个人都非常享受这个过程。一路走来，彼得·德鲁克不断带给我们启迪，让我们找到思考自己工作和生活的新方式，就像他还健在的时候那样。我们相信，他也会带给读者同样的收获。

*里克·沃兹曼*
*加利福尼亚州克莱蒙特*

# 目录

前言

移民 1
作家 19
教师 45
商业咨询顾问 63
政府咨询顾问 87
社会部门顾问 103
国际人士 119
家人、朋友和爱好 135
德鲁克的遗产 159
照片许可和版权信息 170
德鲁克小传 173
德鲁克著作 175
德鲁克研究所 178
作者介绍 180
致谢 183

20世纪30年代的彼得·德鲁克

# 移　民

**彼得·德鲁克：** 你想听我的故事？我在20岁生日那天成为一名报人，给欧洲第二大晚报当国际新闻和商业新闻的编辑，1月2日报到上班。

在那以前，我在棉花制品出口公司当过学徒，在投资银行当过见习生，但从来没有在报社干过……那家报社既出晨报，也出晚报，所以我们清早6点就要上班。那是在法兰克福，1月2日那天，我坐上第一班有轨电车……车子停在报社楼下时是6点过3分，我爬完3层楼梯时，是6点过6分。主编站在那里……他说："小伙子，明天早上如果迟于6点5分到这里，就不用进来了。"我回答说："来这里只有一路电车，头班车是5点28分开。"听完，他就拿起电话……给法兰克福市长打电话，把市长吵醒了。第二天，头班车的时间就改到了5点5分，我就在这趟车上。

这樽水晶杯上刻着彼得·德鲁克的全名、他的出生地维也纳、他的出生日期

彼得·德鲁克出生于奥地利的书香门第,其父亲阿道夫(Adolf)和母亲凯洛琳(Caroline)经常举办沙龙,来宾有经济学家(包括对德鲁克影响巨大的约瑟夫·熊彼特),有政府官员,有音乐家,有作家和科学家。德鲁克后来说:"其实那就是我所受的教育。"德鲁克的洗礼证明,还有一樽送给德鲁克家的水晶杯,是他1909年11月19日出生的纪念品。

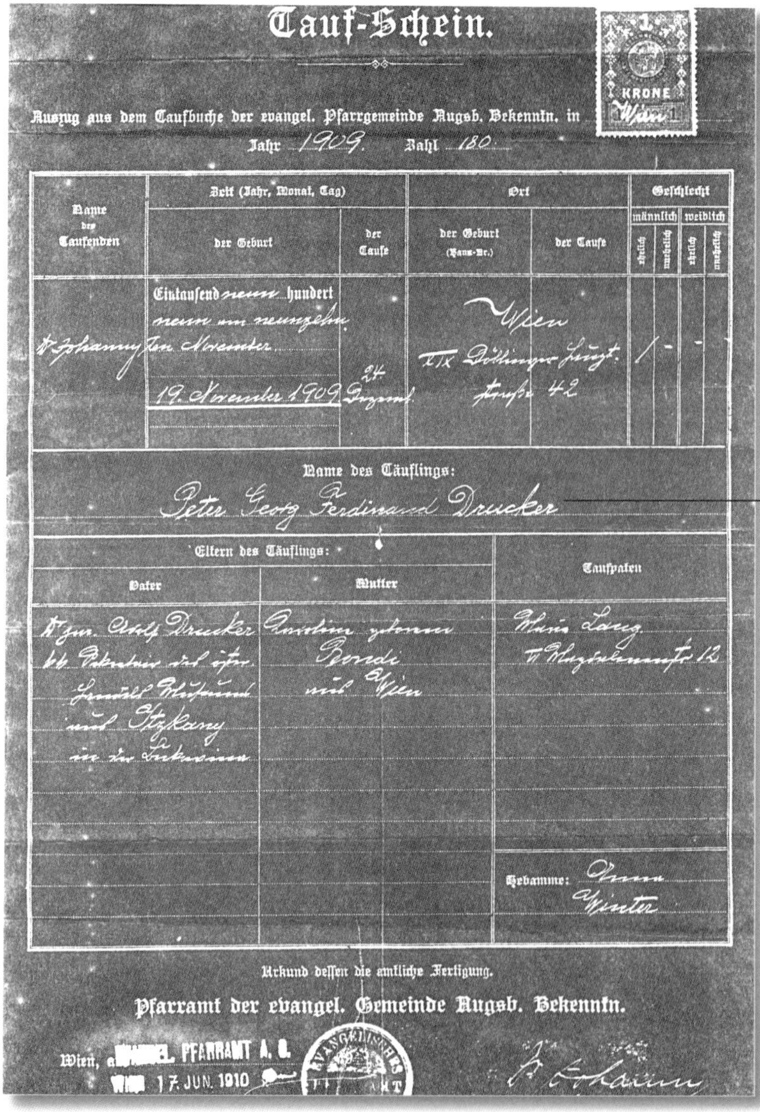

德鲁克的洗礼证明

关于德鲁克父亲在奥地利经济部任职的一则公告

德鲁克出生于一个即将因第一次世界大战的爆发而遭受重创的国家。用德鲁克的传记作者杰克·贝蒂的话讲，他的家乡维也纳也很快"成为纯粹的怀旧之都"。德鲁克回忆说："我被死火山包围着。"对一个着眼于未来的年轻人来说，是时候离开了。这里展示了德鲁克父亲在奥地利经济部任职的一则公告，以及德鲁克在1984年3月1日写的一封信，他在信中回忆了自己在维也纳读高中的时光。

尊敬的校长先生：

汉策尔博士任奥地利德布林格中学校长期间，我有幸在贵校度过了八年的学习时光。汉策尔博士曾对我寄予厚望，希望我能成为一名数学家（他的期望并非完全落空）——他常批评我"不够认真"。他的教诲确实非常中肯。但从随信所附的为贵校纪念刊物所撰写的稿件中，您会看到，我最终选择了一条不同的人生道路。不过，若是有人让一位75岁的老人撰文回忆自己曾经的青春岁月，而文中出现了疏漏的话，他就只能自食其果啦。尊敬的校长先生，如果您觉得我的稿件太过轻浮，不适合在周年纪念刊物上发表，您可以随意处理——反正我也不打算将其收录进我的个人文集中。

但我还是非常高兴时隔多年自己依然能够收到来自德布林格中学的消息。而且能够受邀为贵校周年纪念刊物撰稿，更是让我倍感荣幸！确实没想到您还能找到我的地址！随信奉上您所需的照片——《德布林格中学学生在阳光明媚的加利福尼亚》，以及我的一本传记（目前只有英文版）。说来您可能会感到很有趣，与汉策尔校长的期望不同，我在晚年成了一名小说家。我的第一部小说《最后的完美世界》的英文版已于两年前出版，其德文版也即将在几周后由维也纳的Amalthea出版社出版，现在就差德文版的名字还没定了。小说里的故事主要发生在维也纳，或者至少是在旧奥地利。即使对我这样的老兵来说，1906年也已是一个灰暗遥远的时代了。（我的第二部小说《行善的诱惑》讲述了一个1980年发生在美国一所天主教会大学的故事，将于三周后出版。另外，我正在撰写另一本著作，旨在探讨约瑟夫·熊彼特所提出的有关创新与企业家的理论具有何种现实意义。）

最后，衷心祝愿贵校百年校庆活动取得圆满成功！

您诚挚的，

德鲁克

于克莱蒙特

（此德文信由谢俊翻译）

17岁那年,德鲁克离开维也纳,去德国汉堡的一家出口公司工作。他的父亲很不开心。"他……想让我去读全日制大学,但我厌倦了读书,想去上班。"德鲁克回忆说。后来,德鲁克在汉堡大学学习,并最终在法兰克福大学获得博士学位。这里展示的是德鲁克的学生证,还有他1932年写的博士论文《国家意志下国际法的正当性》("Die Rechtfertigung des Völkerrechts aus dem Staatswillen")。

德鲁克动身去汉堡的时候，他的父母为他定制了照片里这套礼帽、外套和燕尾服。他们认为，像他这样有前途的年轻人，在出入各种社交场合时一定用得着这样的正装。可实际上，德鲁克不怎么出现在这类社交场合。他后来回忆说，哪怕已经跟那个城市一个"受人尊敬的贵族家庭"相当熟悉以后，"用学徒津贴在汉堡生活，即使我一个人过最简朴的日子，也是不够花的"。

移民 II

德国出版商保罗·西贝克（Paul Siebeck）1933年4月24日写给德鲁克的信，讨论交稿等事宜

彼得·德鲁克先生：

  尊敬的博士阁下，附件是关于你写作的有关弗里德里希·尤利乌斯·施塔尔的论文发表审核清单，请尽快填写并返还给我。发行安排在本周下半周，若对论文内容有任何更改和添加，也请立即告知。

  同时，我想请你妥善处理根据我们的出版合同你有权获得的免费副本。

  向你致以最大的敬意。

保罗·西贝克

1932年，德鲁克对一个朋友说："如果纳粹掌权，我不应该留在德国。"然而，纳粹的得势让他永生难忘。德鲁克目睹了各种社会组织的崩溃，最终得出一个结论："称职而负责任的管理是暴政的唯一替代方案"。这里展示了德国出版商保罗·西贝克写给德鲁克的一封信。西贝克为德鲁克出版了他关于哲学家弗里德里希·尤利乌斯·施塔尔（Friedrich Julius Stahl）的专著。这本书遭到纳粹的焚毁，同遭焚毁的还有德鲁克的《德国犹太人问题》（*Die Judenfrage in Deutschland*）。1933年，德鲁克离开德国，前往英国。

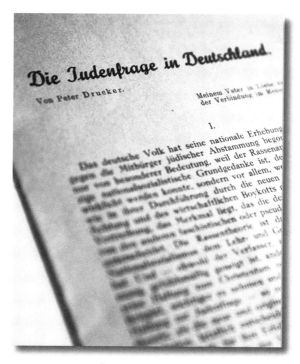

《德国犹太人问题》

> Dr. Peter Drucker. OPINION
>
> Professor Mendelsohn-Bartholdy says that he has made enquiries and that nobody at Frankfurt has heard of Drucker.
>
> C. M. S.

彼得·德鲁克博士　　　　　　　　处理意见

门德尔松－巴托尔迪（Mendelsohn-Bartholdy）教授答复说，他打听过，在法兰克福没人听说过德鲁克。

1934年，德鲁克的一个申请被拒绝。那是一个帮助"流离失所的德国学者"赴美担任学术职务的计划，德鲁克的申请没有获批。为什么？"在法兰克福没人听说过德鲁克。"不过，这没有阻止德鲁克成为作家和教师并取得伟大的成就。但即使成为作家和教师，在奥地利长大的他也在某个方面不尽如人意。这里展示了一封德鲁克1985年写给作家欧文·克里斯托尔（Irving Kristol）的信。他在信中写道："我是奥地利教育史上唯一在打字这门高中选修课上不及格的人。"

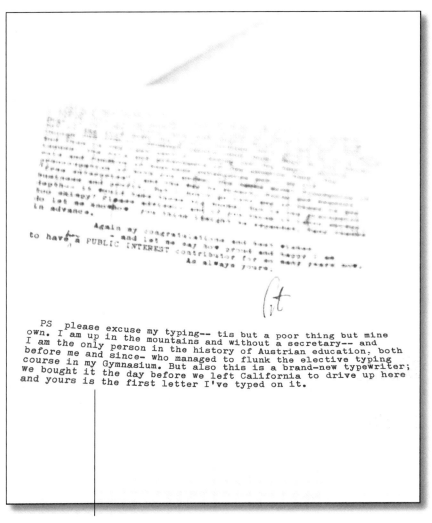

请原谅，我打字不好，而且我只能自己打字。我住在山里头，没有秘书。我是奥地利教育史上唯一在打字这门高中选修课上不及格的人。而且，我现在用的是一台全新的打字机，它是我们在离开加州开车往这里来的前一天买的，给你的这封信是我用它打出来的第一封信。

1937年，德鲁克同妻子多丽丝移居美国。在那里，他给多家欧洲报纸撰稿。他从不恋旧。有人在他晚年问起，对于生活在另一位奥地利人、加州州长阿诺德·施瓦辛格（Arnold Schwarzenegger）治下的感觉怎么样，德鲁克不动声色地回复："我对奥地利人印象不深。我认识的奥地利人太多了。"这里展示的是德鲁克搭乘轮船前往纽约时的乘客名单以及他的美国公民卡。

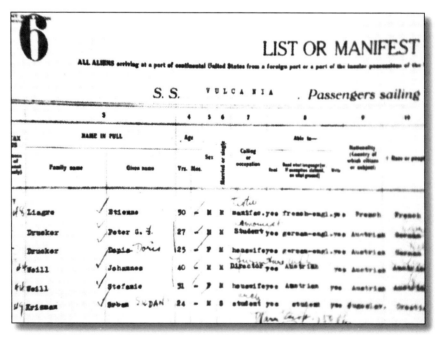

德鲁克和夫人多丽丝搭乘轮船前往纽约时的乘客名单。第二行是德鲁克的名字，第三行是多丽丝，而且她的名字打印错了，工作人员手写做了更正

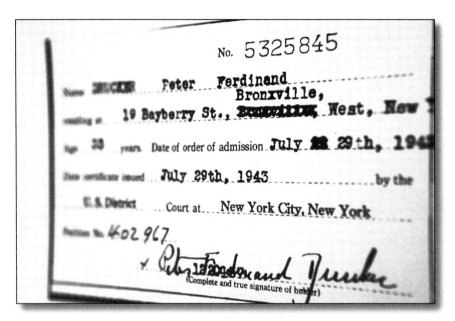

德鲁克的美国公民卡。可以看出德鲁克在 1943 年 7 月 29 日获得了这张卡片

德鲁克在自己的书上签名

作　　家

**采访者**：要是请你讲讲自己从事什么职业，答案会是"作家"吗？

**彼得·德鲁克**：我总是讲，我是搞写作的。

**采访者**：那么，什么东西最能激发你写书？

**彼得·德鲁克**：跟激发肺结核的东西一样。写作是一种严重的退行性疾病，难以抑制，还上瘾。

**采访者**：写作上瘾？

**彼得·德鲁克**：是的，写作上瘾。

# 彼得·德鲁克

经济学家、财经记者、国际贸易顾问、作家和演说家

《经济人的末日》和《德国，最后四年》的作者

《商业日报》《哈泼斯》《新共和》《华盛顿邮报》

《亚洲》和《弗吉尼亚评论季刊》撰稿人

《伦敦金融时事报》

《格拉斯哥先驱报》等英国报纸驻美财经记者

  论及对现时经济力量进行透彻的分析，揭示它们如何影响各国的市场和生活水平，在美国恐怕找不出一个比彼得·德鲁克博士更加博学的演说家兼作家。他以匿名方式担任国际贸易咨询顾问的若干一流的美国和英国的投资银行，评价他是"一位脚踏实地的专家"。

  德鲁克博士目睹了德国在希特勒上台前的几任领导者的带领下国家财政走向崩溃的过程，洞悉这个过程带给各个阶层的深深绝望——它使纳粹得以抬头。

  他的新书《经济人的末日》得到世界各地经济学家的高度赞誉，被称为是对随后出现的极权意识形态最发人深省的剖析，对于希望捍卫民主理想的美国人有着极为重要的意义。

  美国外交政策协会会长、曾经担任《财富》杂志编辑的雷蒙德·莱斯利·比尔（Raymond Leslie Buell）称该书是"我见过的对法西斯经济学最有穿透力的分析，而且是对现时各种意识形态的冲突做出的最尖锐批评"。杰出的英国经济学家 H. N. 布雷斯福德（H. N. Brailsford）在为该书撰写的导读中高度赞誉称"他这本书是对我们所有人发出的召唤。《经济人的末日》迫使我们重新评价自己的价值观"。

  虽然德鲁克博士特别注重演讲素材的哲学概念及其社会意义，但他的演讲非常实用，旨在帮助工商人士更好地理解那些影响生意但他们自己又无法掌控的各种力量。他的演讲相当通俗，常人都听得懂，学得会。

  德鲁克博士的演讲极富启发性，信息量巨大，而这源于他接受过的极其广泛而精深的训练。他 1909 年出生在维也纳，他的家庭属于上层资产阶级，谙熟第一次世界大战前奥地利的政府事务。他曾在德国汉堡和法兰克福的大学接受教育，还曾在英国剑桥大学旁听课程。他曾在一度非常有影响力的《法兰克福纪事报》担任商业新闻编辑，曾为一些重要的德国人士担任咨询顾问，并在近年来涉足英国的工商业。他广泛观察了欧洲、近东、非洲和南美，调研潜在市场，研究总体经济情况。

德鲁克到达美国以后没有多久，就以作家的身份声名鹊起。1939年，他的第一部重要著作《经济人的末日》出版，他在书中探寻了法西斯主义在欧洲兴起的原因。该书赢得了温斯顿·丘吉尔的称赞，并让德鲁克成为备受欢迎的演说家。这里展示了一张20世纪40年代德鲁克系列演讲的海报，以及德鲁克1973年出版的巨著《管理：使命、责任、实践》原稿当中的致谢词。致谢词体现了德鲁克的核心信条：思想必须付诸行动。

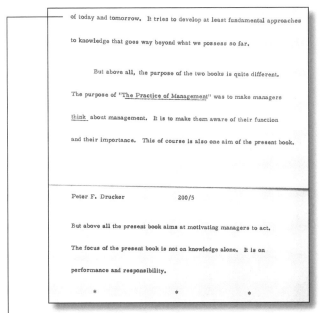

……今天和明天。本书试图提出一些基本方法，去探索我们迄今远未掌握的知识。

但最重要的是，这两本书的目的大有不同。《管理的实践》旨在让管理者"思考"管理，让他们意识到自己的功能和重要性。这当然也是本书的目的之一，但本书最重要的目的是激发管理者采取行动。本书的重点不在于知识，而在于绩效和责任。

《管理：使命、责任、实践》这本书最让人诧异的（除了它厚达800多页以外）是它受欢迎的程度，它居然在全美畅销书榜单上力压《性的快乐》(*The Joy of Sex*)。早年曾给一些不知名的出版物撰稿的德鲁克，这时的写作水平显然远非当年可比。以下两张照片，第一张展示了德鲁克发给出版商的《管理：使命、责任、实践》一书的目录，第二张展示了1940年德鲁克写给《弗吉尼亚评论季刊》(*Virginia Quarterly Review*)的一封信，他在信中称"贵刊是我来美国后写作生涯的起点"。

目录 /1

| 彼得·德鲁克 | 《管理》 |
|---|---|
| 目录 | 页码 |
| 前言　管理：专制以外的选择 | I to XIV |
| 导论　从管理热潮到管理绩效 | 1/0 |
| 第1章　管理的兴起 | 1/1 — 1/31 |
| 第2章　管理热潮及其教训 | 2/1 — 2/66 |
| 第3章　新挑战 | 3/1 — 3/23 |
| 第一篇　使命 | 4/0 |
| 第4章　多维度的管理构想 | 4/1 — 4/34 |
| 第一部分　企业的绩效 | 5/0 |
| 第5章　如何管理企业：西尔斯－罗巴克百货解析 | 5/1 — 5/23 |
| 第6章　如何理解企业的实质 | 6/1 — 6/54 |
| 第7章　企业目标与企业使命 | 7/1 — 7/79 |
| 第8章　目标设立与能力培养：玛莎百货解析 | 8/1 — 8/27 |
| 第9章　战略、目标、优先、次序工作分派 | 9/1 — 9/59 |
| 第10章　战略规划：创业技能 | 10/1 — 10/29 |
| 第二部分　服务机构的绩效 | 11/0 |
| 第11章　多元化机构的社会 | 11/1 — 11/20 |
| 第12章　服务机构的绩效为何不显著 | 12/1 — 12/41 |
| 第13章　服务机构的绩效管理 | 13/1 — 13/69 |

尊敬的谢泼森先生：

　　能在《弗吉尼亚评论季刊》上发表文章，我感到无比欣喜。这不仅因为贵刊是我来美国后写作生涯的起点，还因为我觉得能为贵刊撰稿对任何人来说都是一种莫大的荣幸。

　　不过，你给我的两点建议都不可行……

这是林德尔·厄威克1955年1月27日写给德鲁克的信。他在信中写道——

尊敬的德鲁克先生：

我还没有读完《管理的实践》全书，但从书中看到的东西已经足以让我负责任地说，这本书是自已故的埃尔顿·梅奥教授的《工业文明的社会问题》出版以来，在美国管理学领域出现的最重要的著作。

我在美国准备就管理学教育一事向美国管理协会提交报告的那段时间里，没有多少机会见到你。但我知道你那时正跟麦肯锡等机构合作在通用电气公司开展一场实时调查，而我不想"横插一杠子"。我正在热切期盼着读到向董事会提交的通用电气公司调查报告，他们答应过发给我一份的。但我也理解，报告中有很多关于问题的内部讨论，他们还没有准备好把讨论结果公之于众。

…………

德鲁克在开始撰写《管理的实践》的时候，正如他后来在回忆时讲的，他"很清楚一个事实，自己是在为一门学科奠定基础"。在管理理论家林德尔·厄威克（Lyndall Urwick）1955年写给德鲁克的一封信里，厄威克评价这本书是美国管理学领域自埃尔顿·梅奥（Elton Mayo）的《工业文明的社会问题》（*The Social Problems of an Industrial Civilization*）出版以来"最重要"的著作。不过，德鲁克对这个比较可能并不觉得舒心。他讨厌梅奥，在1985年的一封信里，他称梅奥"懒惰、专制、粗俗"。

你的电影听上去很有意思——但你说的"管理学巨匠"有哪些人？另外你想把剧情延伸到第二次世界大战结束以后吗？对这样一部电影来说，它是一个理想的终点，因为管理学是在战后变得流行的。一定要跟我讲讲你的计划。

埃尔顿·梅奥是一个极其无趣的人，这是客气的说法。不客气地讲，他是个头号混蛋。他懒惰、专制、粗俗——从他的行为来看他是最糟糕的"澳洲佬"。他让其他人干活，包括提出构想，但把所有功劳都据为己有。你可能听说过，原来有计划在他退休以后由我去接任他那个教职——那是在1947年左右，也可能是1948年。主要原因是梅奥对他自己所有忠诚的学生都投了反对票，把他们全都扫地出门。你可能知道，霍曼斯（Homans）和隆巴德（Lombard）双双离开了哈佛商学院。一直忠心耿耿的弗里茨·勒特利斯贝格尔（Fritz Roethlisberger）留了下来，忠诚地伺候"导师"。他那么用心尽力，却永远不过是一个助理，一个"杂工"（不过他是一名出色而勤奋的教师）。顺便说一句，他出版了一部传记。我还没有看过这本书。记得讲一讲。多谢。

> **ドラッカー博士　著作一覧**
>
> ① *Friedrich Julius Stahl, Konservative Staatslehre und Geschichtliche Entwicklung.* Tuebingen: Mohr, 1933.（本邦未訳）
> ② *The End of Economic Man.* John Day, 1939.（Reprint by Harper & Row, 1969.）（岩根忠訳『経済人の終わり』東洋経済新報社、昭和38。）
> ③ *The Future of Industrial Man.* John Day, 1942.（岩根忠訳『産業にたずさわる人の未来』東洋経済新報社、昭和39；田代義範訳『産業人の未来』未来社、昭和40。）
> ④ *Concept of the Corporation.* John Day, 1946.（Reprint by John Day, 1972.）（岩根忠訳『会社という概念』東洋経済新報社、昭和41；下川浩一訳『現代大企業論』上・下、未来社、昭和41。）
> ⑤ *The New Society.* Harper & Row, 1950.（現代経営研究会訳『新しい社会と新しい経営』ダイヤモンド社、昭和32。）
> ⑥ *The Practice of Management.* Harper & Row, 1954.（野田一夫監修、現代経営研究会訳『現代の経営』正・続、正編「事業と経営者」、続編「組織と人間」自由国民社、昭和31；野田一夫監修、現代経営研究会訳『現代の経営』上・下、エグゼクティブ・ブックス、ダイヤモンド社、昭和40。）
> ⑦ *America's Next Twenty Years.* Harper & Row, 1957.（中島正信・涌井宏昭訳『オートメーションと新しい社会』ダイヤモンド社、昭和31。）
> ⑧ *The Landmarks of Tomorrow.* Harper & Row, 1959.（現代経営研究会訳『変貌する産業社会』ダイヤモンド社、昭和35。）
> ⑨ *Gedanken für die Zukunft.* Econ, 1959.（清水敏允訳『明日のための思想』ダイヤモンド社、昭和35。）
> ⑩ *Managing for Results.* Harper & Row, 1964.（野田一夫・村上恒夫訳『創造する経営者』ダイヤモンド社、昭和39。）
> ⑪ *The Effective Executive.* Harper & Row, 1967.（野田一夫・川村欣也訳『経営者の条件』ダイヤモンド社、昭和41。）
> ⑫ *The Age of Discontinuity: Guidelines to Our Changing Society.* Harper & Row, 1969.（林雄二郎訳『断絶の時代——来たるべき知識社会の構想』ダイヤモンド社、昭和44。）
> ⑬ *Preparing Tomorrow's Business Leaders Today.* Edited by Peter F. Drucker, Prentice-Hall, 1969.（中原伸之・篠原達夫・武井清訳『今日なにをなすべきか

　　德鲁克的写作以管理为主，但涉猎的主题相当广泛，从文学和历史，到社会学和神学，再到日本艺术和文化，多种多样。照片中展示了列有他部分著作的清单，这些著作大部分已在日本翻译出版，也有未译成日文的。还有一封他发给朋友的传真，其中提到自己喜爱的小说家。查尔斯·狄更斯、简·奥斯汀是他尤其喜爱的。他说："我从来不读管理书。它们只会带坏我的写作风格。"

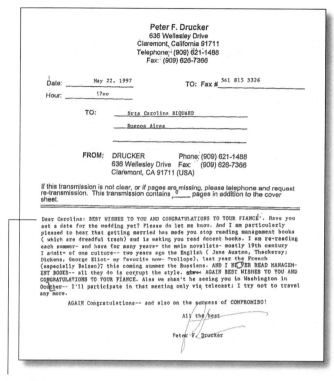

亲爱的卡罗莱娜：

    向你致以最美好的祝愿，也祝贺你的未婚夫。你们婚礼的日子定下来了吗？请务必告诉我。我很高兴知道，准备结婚让你停止读管理书（真是糟糕透顶的垃圾），开始读一些像样的书。多年以来，我每年夏天都会重读几位重要小说家的作品，主要是19世纪的，而且是同一种文化的。两年前我读的是英国小说家（简·奥斯汀、萨克雷、狄更斯、乔治·艾略特，现在我最喜欢的是特罗洛普）的作品；去年读的是法国小说家（特别是巴尔扎克）的作品；今年夏天我打算读俄罗斯小说家的作品。**我从来不读管理书**——它们只会带坏我的写作风格。再次向你和你的未婚夫致以最美好的祝愿。可惜今年10月不能去华盛顿见你了——我会通过电视广播的形式参会，不想再跑来跑去。

    再次祝贺你们定下婚约！

彼得·德鲁克

如果你问德鲁克以何为业,他不会回答说自己是"教授"或者"咨询顾问",尽管他二者都是。有时,如果想激发讨论,他会自称"社会生态学者"——像自然生态学者研究生物界那样,观察人为制造的环境。但大多数时候,他会很干脆地回答:"我写作。"这里展示的是德鲁克在家中办公室写作时使用的两样文具:一把开信刀,一个笔筒。

德鲁克对计算机的问世发表过不少言论，例如早在20世纪80年代中期，他就称赞文字处理器是"一项从根本上改变办公室工作的真正的创新"。但他自己从来用不惯个人电脑，而是使用机械打字机，直到再也找不到修理用的零配件，他才改用电子打字机。此处展示的这台电子打字机，型号是Brother GX-6750，德鲁克一直用它写作，直到2005年他以95岁高龄辞世。他一生著书39本，最后10本都是用这台电子打字机完成的。

作家

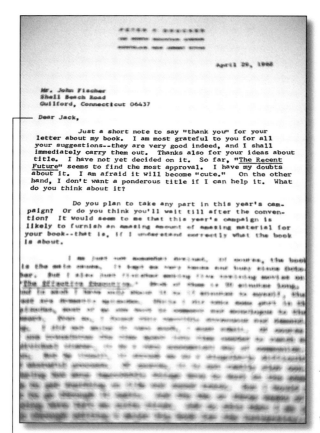

德鲁克在1968年4月写给约翰·费希尔（John Fischer）的信

亲爱的杰克：

  我简短写几句话，感谢你写信来讨论我的书。我对你的全部建议充满了感激——它们真的很好，我会马上吸纳。也感谢你对书名的想法。我还没有定下书名。到目前为止，"The Recent Future"似乎最受人青睐。我还有点疑虑，因为我担心它有点"讨巧"。而且如果有办法的话，我不想要一个乏味的书名。你觉得呢？

  你有计划以任何形式参与今年的大选吗？或者你想等到全国大会开完以后再说？我想，今年的大选很可能为你的书提供大量极好的素材——当然，如果我对你的书的内容理解正确的话。

  …………

  20世纪60年代末,德鲁克预见到人类即将迎来一个充满变化的时代——"技术和经济政策的变化、产业结构和经济理论的变化、治理和管理所需知识的变化"。他就这些主题写了一本书,但对书名踌躇再三。在一封写给友人的信中,德鲁克透露说自己倾向于用"The Recent Future"这个名字。不过,他最终用的是另一个名字——"不连续的时代"(The Age of Discontinuity)。照片中这个被撑到合不拢的文件夹里,保存着德鲁克从各处剪下来的书评。

年轻的德鲁克在法兰克福从事新闻工作的时候,从报社主编那里学到了人生中最重要的一课:有条理地回顾自己过去的工作,发现哪些地方需要改进,哪些方面值得全力以赴,从而设定具体的目标。虽则如此,德鲁克从来没有动过当编辑的念头——他在1958年写的这封信里做了解释。

```
                    Peter F Drucker
              138 North Mountain Avenue
                 Montclair, New Jersey
                                              August 23, 1958

Dr Melvin Kranzberg
Department of Humanities
and Social Studies
Case Institute of Technology
Cleveland 6, Ohio

Dear Dr Kranzberg:

     I am greatly flattered by you invitation to serve as
an advisory editor of the quarterly journal "Technology
and Culture" But I am afraid I have to turn down the in-
vitation tempting though it is. I simply am not the right
man for the job—not even if it is a sinecure.

     In the first place I am not an editor; I am a writer
And like practically all writers I am no good as an editor
I do not read somebody else's manuscript for what he is try-
ing to say but for what I can steal. I am not really in-
terested in helping him express what he is after is his own
best way; I am interested in how I would write this piece
if it were mine. I have long ago decided that I have no
business editing—just as I have long ago decided that I
have no business reviewing.

     Secondly, I have absolutely no competence. You and
Lynn White confuse, I am afraid, interest in the subject
with competence in it. Even as regards interest, I am cer-
tainly interested not in modern technology but in the six
centuries between St. Benedict and St. Bonaventura, that is
the centuries of the "first industrial revolution" But I
am strictly a consumer and not a producer in this area.

     And furthermore I have made it a rule (which I try not
to break) not to accept any job on any board or committee
unless I am willing and able to do a real job and to work
hard. I know that I am not in a position to do this for
your magazine; and rather than commit myself to a promise
which I may not be able to keep, I'll stay out altogether

     But I do appreciate you invitation and, needless to
say, I should be very happy indeed to be useful as a reader
and commentator whenever you feel I can make a contribution.

     With best regards,

                              Sincerely,

PFD:mlc
```

德鲁克1958年8月23日写给史学家梅尔文·克兰兹伯格(Melvin Kranzberg)的信。后者当时在凯斯理工学院(Case Institute of Technology)任教

尊敬的克兰兹伯格博士：

收到你让我去担任《技术与文化》(Technology and Culture)季刊顾问编辑的邀请，我很是受宠若惊。虽然这个邀请很有诱惑力，但我恐怕不得不拒绝。我根本不是这个职位的适当人选——哪怕只是挂个名。

第一，我不是编辑，我只是一名写作者。就像几乎所有写作的人一样，我不是一个好编辑。我读别人写的东西，不是为了读懂他想说什么，而是为了让自己从他那里学到点什么。我对如何帮助作者以最好的方式表达他的想法不感兴趣；我感兴趣的是，如果这篇东西是我的，我会怎么写。我很久以前就下了决心，不去当编辑——就像我很久以前就下决心不去写评论一样。

第二，我也完全没有这个能力。你和林恩·怀特（Lynn White）恐怕把兴趣和能力搞混了。哪怕只是谈兴趣，我感兴趣的也不是现代技术，而是从圣本笃到圣文德的这6个世纪，也就是"第一次工业革命"的那几个世纪。[一]但是，我在这个领域也完全只是个消费者，而不是个生产者。

另外，我还立下一条规矩（我会努力恪守），除非自己情愿并有能力真正做好一份实职，并且勤勉地去做，否则就不接受任何董事会或委员会成员职位。我清楚自己没有为你们杂志做好这件事的能力；与其许下一个自己无法兑现的承诺，不如完全不掺和。

不过，很感谢你的邀请，而且无论何时你认为我可以做一点贡献，我都会非常乐意当一名读者，提一点我的看法。

致以最诚挚的问候。

真诚的，

彼得·德鲁克

---

[一] 圣本笃到圣文德之间为6世纪～13世纪，其间为西欧工业化的成长期，此处的"第一次工业革命"可理解为作者眼中的"中世纪工业革命"。——译者注

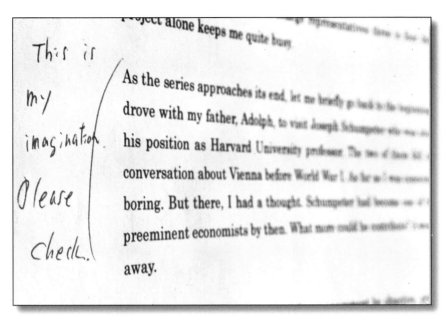

德鲁克手写的这句话的意思是：这是臆想的，请核实

不过，与所有出色的作家一样，德鲁克给自己当编辑可谓目光犀利，对事实的查证毫不含糊，这从他在书稿空白处写的批注就可以看出。

> MR. PETER F. DRUCKER
>
> appreciates your kind interest--but is <u>unable</u>
> to endorse or to review Books, Manuscripts or Proposals;
> to appear on Radio or Television;
> to join Boards or Panels of any kind;
> to participate in Surveys or Focus Groups;
> to give Interviews or to contribute Articles;
> and to give Letters of Reference or Recommendations.

非常感谢你的关注——但恕不能

为著作、稿件或方案背书或写评论,

接受电台或电视台采访,

参加任何董事会或委员会,

参加调研或焦点小组,

接受采访或约稿,

出具推荐信。

德鲁克认为,要想高效,必须坚定地聚焦。他说:"我们把双手同时抛几个球当成特技表演是有道理的。"德鲁克对写作专注到了让人难以置信的程度,这样的自律使他极其多产。本页照片展示了德鲁克的手表,还有他用来拒绝各种邀请的制式卡片,凡是可能让他分心的事,他一概辞谢。下一张照片则展示了一样始终要求他集中注意力的东西——工作手稿。

德鲁克：一位智者的人生影像

教室里的德鲁克

教　师

**采访者：** 你对现在的大学有什么看法？

**彼得·德鲁克：** 讲出来也不能写。

**采访者：** 此话怎讲？

**彼得·德鲁克：** 美国的大学这50年来过得太好，反而受到了严重的破坏。

**采访者：** 怎样的破坏？

**彼得·德鲁克：** 它变得骄傲，变得懒散，变得自以为是。特别是，它认为学生是为了学校而存在的。

可是，你看，我教书是从……我第一次做讲座开始……那是我在法学院读书的时候。从那以后，我就是靠发表言论谋生。但我不是搞学术的，这一点你不用怀疑。教书从来不是我的职业，它一直是我的业余爱好。我喜欢教书，但从来没把它当成自己的职业。我只是乐在其中。

```
                    SARAH LAWRENCE COLLEGE
                       BRONXVILLE, NEW YORK

OFFICE OF THE PRESIDENT                                    TELEPHONE
                                                         BRONXVILLE 0700


                                              June 24, 1940


Dr. Hardy Dillard
Institute of Public Affairs
University of Virginia
Charlottesville, Virginia

My dear Dr. Dillard:

        Mr. Peter Drucker, who lives in Bronxville, has been to see
me about the possibility of teaching here next year.  It happens that we
need someone to give a course in elementary economics taught in a much
more realistic way than is usual in beginning courses in economics.  By
that I mean that we start in with problems that are important to the stu-
dent, developing theory from those problems and putting her in touch with
real situations through field work, etc.  This does not mean less sound
and scholarly work than one generally does with beginners but simply a
course which treats economics as a part of every-day living rather than
as a science set apart from politics, sociology and history.  We would like
to have this instructor carry on work in statistics with a few students also.

        We found Mr. Drucker very stimulating indeed and think his point
of view would be an excellent one to have on the faculty.  I have no means
of finding out anything about his teaching ability.  He has suggested that I
write to you and I am wondering if you have any light to throw on the subject.
Do you think he could make his material simple enough for intelligent beginners?
Perhaps if you would tell me something about him as a person that might help
us to form an idea of how well he would work with our students.  We do very
little lecturing at the College but conduct our classes by the discussion and
conference method which, of course, entails having a person who not only has
insight into the needs of individual students but is a good listener as well
as a good talker and is provocative in discussion.

        I would be very grateful for any information you may be able to
give me about Mr. Drucker.

                                   Very sincerely yours,

                                   Constance Warren
                                   President
CW/M


(Typed after Miss Warren had left the office)
```

德鲁克曾在莎拉·劳伦斯学院任教，这是他去应聘以后，该学院做的一次背景调查。这封信是该校康斯坦丝·沃伦（Constance Warren，1929～1945年担任该校校长）1940年6月24日写给弗吉尼亚大学公共关系研究所哈迪·迪拉德（Hardy Dillard）博士的

尊敬的迪拉德博士：

　　家住布朗克斯维尔的彼得·德鲁克先生来过我这里，探讨明年他来我们这里任教的可能性。我们恰好需要人开设一门经济学基础课程，希望开得比普通的经济学入门课程更加贴近现实一点。我的意思是，我们想从一些对学生重要的问题出发，围绕这些问题去讲理论，让学生通过实地调研等方式接触真实的情境。这并不意味着这门课程的学术要求比通常的入门课程低，我们要求老师把经济学当成日常生活的一部分，而不是将它视为一门与政治学、社会学和历史学相分离的学科。我们还希望这位老师给一些学生上统计学的课。

　　我们觉得德鲁克先生是一个让人兴奋的人选，认为他的观点对现有老师队伍是个很好的补充。不过，我没有办法考察他的教学能力。他提议我写信问问你，于是我想你能不能在这件事上给我一些建议。你认为，他有能力把教学内容弄得足够简单，适合那些聪明的初学者吗？或许你可以给我们讲讲这个人的情况，帮助我们判断他教学生的能力。我们学院很少采取讲座的形式授课，而是采用讨论的形式，于是要求老师不仅要能看到各个学生的需要，有良好的倾听能力，而且要善于表达，并能在讨论过程中激发学生思考。

　　如果你能给我提供一些关于德鲁克先生的信息，不胜感激。

你真诚的，

康斯坦丝·沃伦

德鲁克认为,埃尔莎小姐(Miss Elsa)和索菲小姐(Miss Sophy)是对自己人生影响极大的两个人。她们是德鲁克在奥地利读小学四年级时的老师。他写道,她们"让我明白,高质量、高强度而又很愉悦地教与学是可以做到的"。有两件物品代表着德鲁克教学生涯的起点和终点:第一件是1940年的一封信,内容是询问德鲁克的教学能力;第二件是克莱蒙特研究生大学校友会给德鲁克颁发的奖牌(照片背景是德鲁克管理学院)。

"当老师需要激情。当他们沉醉于学生受到的启迪时，就会从中获得激情。这是因为，学生学到东西以后洋溢在脸上的笑容，比其他任何东西都更让人上瘾。"德鲁克这样写道。德鲁克对教学的激情，支撑着他先后在多个学校任教，从莎拉·劳伦斯学院到本宁顿学院，再到纽约大学和克莱蒙特研究生大学。这里展示的是克莱蒙特研究生大学发给他的奖牌，以嘉奖他对学校做出的诸多贡献；还有一封学生写给他的感谢信，感谢他对自己的人生产生了重大影响（这样的感谢信有很多）。

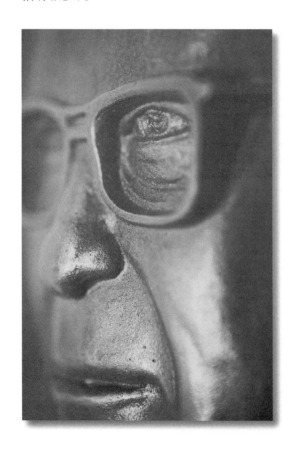

亲爱的彼得：

我再次写信来感谢过去12年来你和你的课堂教会我的很多东西。你给我的生活、工作和人生方向带来了非常积极的改变。

1985年，我初次来上你的课时，我还是一名焦头烂额的社区学院的管理者，但我离开课堂的时候备受鼓舞，找到了更加积极的方向。我带着一个更好的计划以及各种新技能和新战略，着手在学校里推动建设一幢学生活动中心，在这个过程中我使用了你教的很多方法——在来上你的课、领受你的教诲、旁观你的咨询和阅读你的著作以前，我根本不可能这么做。

上了你的课，并在一次从课间持续到课后的谈话以后，我决定将自己的人生方向从努力成为一名社区学院校长改变为成为一名管理学教师，并且兼职做咨询顾问，还写一点东西。这么做让我变得比过去愉快得多，也有成效得多。在过去这10年里，我教了超过2800名学生，讲的课程与商业和管理有关，其中大约40%的内容直接来自你的课堂、研讨会和校友日等其他教学场合。他们离开课堂的时候，了解了很多……

德鲁克对高等教育并非总持肯定态度。他说:"等一门课程完全过时了,我们就把它设为必修课。"高等教育界人士也并非都对德鲁克持欣赏态度,因为德鲁克写的东西是给实践者看的,而不是给搞学术的人看的。用汤姆·彼得斯(Tom Peters)的话讲,"他们憎恨他的胆略"。尽管如此,还是有美国、比利时、英国、日本、西班牙和瑞士等多个国家的大学向德鲁克授予荣誉博士。这里展示的是德鲁克一套博士学位服的垂布的特写照片。

# NEW YORK UNIVERSITY

WASHINGTON SQUARE, NEW YORK, N.Y. 10003

Office of the President

December 9, 1968

Dear Professor Drucker:

The publication today of the volume entitled <u>Preparing Tomorrow's Business Leaders Today</u> reminds us of the happy occasion last May at which many of the original papers reprinted in that volume were first presented at a symposium celebrating the fiftieth anniversary of the Graduate School of Business Administration of New York University.

You have had the lion's share of responsibility for this magnificent symposium. You personally obtained the cooperation of outstanding leaders from education, government, and industry. You organized their contributions, wrote a number of the most important chapters, and edited the entire volume. This is indeed a notable addition to your many outstanding works on political and economic subjects.

Now that you are entering the sixtieth year of your life, it is fitting that we should recall some of the highlights of your distinguished career. After the Gymnasium in Vienna, you took your doctorate in public and international law at the University of Frankfurt, and you served as an economist for an international banking house in London. You came to the United States in 1937, continued as a banking advisor, and became the American correspondent for a group of British newspapers. You have always been an astute observer of the American business scene. You taught Politics and Philosophy at Bennington College from 1942 to 1949, and in 1950 you came to New York University as a professor of Management.

You have proved to be an effective teacher who has the ability to develop in students the capacity to think clearly about the process of management and to help them utilize this knowledge in their roles as managers of large organizations. And throughout your academic life, you have continued as an advisor to major business enterprises. Your writings have earned you an international reputation for insight and creative thinking in the fields of management, business policy, and organization. Probably more than any other academician, you have succeeded in bridging the gap between the practical man of business and the theoretician.

To the many honorary degrees, medals, and other awards you have received in recognition of your exceptional achievements, I now add the Presidential Citation of New York University.

Sincerely yours,

James M. Hester

Professor Peter F. Drucker
New York University

纽约大学校长办公室 1968 年 12 月 9 日写给德鲁克的信

尊敬的德鲁克教授：

《面向未来的管理者》这本论文集今天出版，这让我们想起去年5月那个愉快的时刻。那是庆祝纽约大学商学院成立50周年的活动。这本论文集收录的很多文章，就是在那次活动的一场研讨会上首次发表的。

你承担了组织这场反响热烈的研讨会的主要责任。你亲自出马去寻求教育界、政府和产业界一些杰出领导者的合作。你负责组稿，撰写了若干重要章节，并对全书做了编辑。这是你继已出版的诸多政治学和经济学杰出著作后的又一力作。

你已进入人生第60个年头，此时正适宜我们回忆你成果卓著的职业生涯当中一些重要的时刻。你在维也纳读完高中以后，在法兰克福大学最终取得了国际法博士学位，后来在伦敦一家国际性的银行担任经济学家。1937年，你来到美国，继续担任银行顾问，并成为多家英国报纸的驻美记者。你一直以犀利的目光观察着美国的商业。你1942年到1949年间在本宁顿学院教授政治学和哲学，1950年来纽约大学担任管理学教授。

你已经证明了自己是一位有成效的老师，有能力培养学生清晰地思考管理过程的能力，也有能力帮助他们在大型组织里担任管理者时运用这些能力。你在学术生涯中，还一直担任重要企业的顾问。你的著作为你在管理学、企业政策和组织等领域赢得了富有洞见和创见的国际声誉。在弥合商业实践人士与理论研究者之间的差异方面，你可能比其他任何学者都更加成功。

你因为卓著的成就得到过许多荣誉学位、奖章和其他奖项，我现在锦上添花，向你颁发纽约大学"校长奖章"。

你真诚的，

詹姆斯·M.赫斯特

德鲁克初尝教学的滋味还是在奥地利时,那时他帮助了班上一位学习拉丁文、希腊文和数学有困难的同学。"突然之间我喜欢上了所有这些科目……我学会了这些科目,因为我必须解释它们。我突然明白:教是学的最佳方式。"后来,德鲁克获得了纽约大学的最高荣誉。下面这张照片展示了德鲁克在克莱蒙特研究生大学的学生送给他的礼物。书内写着这样的题字:这本书和您的《德鲁克论管理》是我读过的最激励人心的作品。

这是一本儿童读物——《小火车头做到了》,它告诉人们,乐观和勤奋很重要。全美教育协会根据2007年的一次在线调查,把该书列为"老师推荐给孩子的100本书"之一。——译者注

St. James Street
London SW1A 1H9
England

Dear Bill Emmott:

I greatly appreciate the story on me in the October 1 issue of The Economist. Please convey to the writer my warmest thanks.

In fact, you cannot possibly imagine how much the story means to me. It is l'accolade supréme as The Economist has been mentor and authority for me all my adult life. But for this reason also I ask your indulgence in my pointing out one factual misstatement in the story. You write "he has spent most of his career as a luminary in the relative obscurity of Claremont College, California." Actually, the bulk of my management books – six out of nine – were written before I went to Claremont, and mostly during the 21 years – 1950 to 1971 – when I taught full-time as Professor of Management at the Graduate Business School of New York University. For ten of these years, I also taught part-time as a Visiting Professor at the Wharton School of the University of Pennsylvania. These two were then the largest graduate business schools in the US, hardly obscure places and anything but placid or non-competitive. And during the years in New York, that is, between 1950 and 1971, I also did the bulk of my business consulting. Since then the bulk of my consulting work have been non-profits, especially churches.

As to "Harvard or Stanford," both have courted me, and more than once. In the end I always said "No." I could not accept their ethics, or lack thereof. Both schools openly boast of their training students to become rich. That to me is not

join the Harv...
these objections accepted eve..., 
of its quality and scholarship.

As to my living in the "obscurity" of Claremont, I came here in 1971, already 62 years old, because I was about to reach the compulsory retirement age (then 65) at New York University and would have had to stop teaching – and I only learn when I teach. Claremont offered to let me teach as long as I wanted. No one – least of all I – then expected that I'd last more than ten years. But I still teach full time, at age 85.

Claremont also offered a fellow about to be condemned to idleness a new beginning as an educational innovator and entrepreneur to start and build a management school based on my principles:

亲爱的比尔·埃莫特：

非常感谢《经济学人》杂志10月1日这一期刊发关于我的文章。请代我向作者致以诚挚的感谢。

其实，你可能想不到这篇文章对我的意义有多大。它是一个"至高无上的拥抱"，因为《经济学人》是我成年以来的导师和权威。但也恰恰出于这个原因，我想请你允许我放肆地指出这篇文章中的一处"事实"错误。文章写道，"他在其职业生涯的'大部分'时间内待在加州的克莱蒙特研究生大学，成为这所相对不知名的学校里的杰出人物。"实际上，我的大部分管理书（9本当中的6本）是在去克莱蒙特以前写的，也就是在1950年到1971年这21年间写的，这段时间我在纽约大学商学院担任全职管理学教授。同一时期内，我还在宾夕法尼亚大学的沃顿商学院兼职任教10年，担任访问教授。这两所学院是当时美国最大的商学研究生院，不是什么寂寂无闻的地方，也不是安乐窝或者没有竞争的地方。在纽约那段时间，也就是在1950年到1971年之间，我主要做的是企业咨询工作。打那以后，我的咨询工作重心就放到非营利组织，特别是放到教会上去了。

至于"哈佛或者斯坦福"，这两所学校都邀请过我，而且不止一次。每一次我都拒绝了。我接受不了它们的道德准则，或者说没有道德准则。这两所学校都公开吹嘘培养学生成为富人。那对我来说不是……

（以下为压在下面那张信纸上的内容。——译者注）

…………

至于我在"不知名"的克莱蒙特的生活，我是1971年到那里的，那时我已经62岁了，因为快到纽约大学的强制退休年龄（那时是65岁），我很快将不得不停止教学——而我只有在教学的时候才能学习。克莱蒙特研究生大学提出来，只要我愿意，想教到什么时候都行。那时谁也没料到我会再教学10年以上，更不用提我自己了。但是，我现在85岁了，还在全职教学。

克莱蒙特还给了我这个即将被迫赋闲的家伙一个全新的开始，让我成为一名教育创新者和创业者，按照"我的"原则开始建设管理学院。

…………

　　这里展示了德鲁克写给《经济学人》杂志的一封信,信中解释了克莱蒙特研究生大学吸引他到此任教的原因。还有一张1987年"彼得·德鲁克管理研究生中心"落成典礼的活动单。10年后,该中心改名为"彼得·德鲁克管理学院"。不过,在那些冠名校园建筑的人物当中,德鲁克与众不同。1987年,他公开批评美国大学虽然学费猛增,但"无论是教学内容还是教育质量,都看不到明显提升"。

德鲁克讲课有一个著名的特点,那就是他会从一个话题跳到另一个话题,然后在下课之前像变魔术一样把所有的东西都串起来。听课的学生则像着了魔似的坐在那里,倾听德鲁克讲的每一句话。用一个学生的话讲,德鲁克用他的热忱和魅力,"把偌大而冰凉的教室变成温暖宜人的客厅"。下图展示了"管理过程"的教学大纲,这是德鲁克20世纪70年代中期在克莱蒙特研究生大学开设的一门课程。

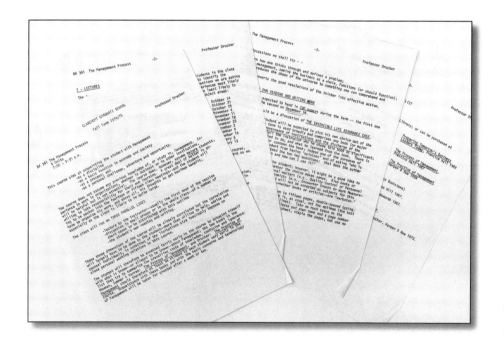

克莱蒙特研究生大学
1974/1975 年秋季学期

BA 341 管理过程
4 个单元
晚上 7 点—9 点 30 分

本课程旨在让学生了解管理

　　—— 是一门学科
　　—— 是经济和社会的一项基本功能
　　—— 是一个过程
　　—— 是个人的挑战、冒险和机会

　　本课程不需要学生事先具备管理学的知识或学习背景。在组织中工作的经验，无论是在商业组织还是其他机构，会有帮助但并不必需。然而，本课程确实假定学生心智成熟，愿意为自己的学习承担责任。总共上 14 或 15 次课，课程内容极其丰富，学生必须安排好自己的学习，特别是要认真思考，以求获得最大收益，尤其是在课堂学生数量可能很多的情况下。

　　本课程采取三位一体的方式并行推进。

　　1）讲师授课——通常是每节课的第一个小时。
　　2）小组或全班讨论——围绕和本大纲一起发放的几个简短案例。
　　3）学生自己的阅读和写作。

　　上述三个维度密切相关，但它们的关联在很大程度上必须由学生来完成——他们不光得愿意相互帮助、提醒和建议，还要意识到本课程的学生数量众多，这将不可避免地给相互之间紧密的学习关系造成限制。

　　因此，学生应该在开课以后尽早自行熟悉对管理学的现有认知——或者说所谓的现有认知。纽曼、萨默和沃伦的《管理过程》和德鲁克的《管理的实践》这两本书试图对当前流行的有关管理学的知识、困惑和无知加以概括，所以每位学生都需要尽早通读。一两周以后，我就会默认学生已经熟知这两本书的内容以及管理学的基本问题和术语。

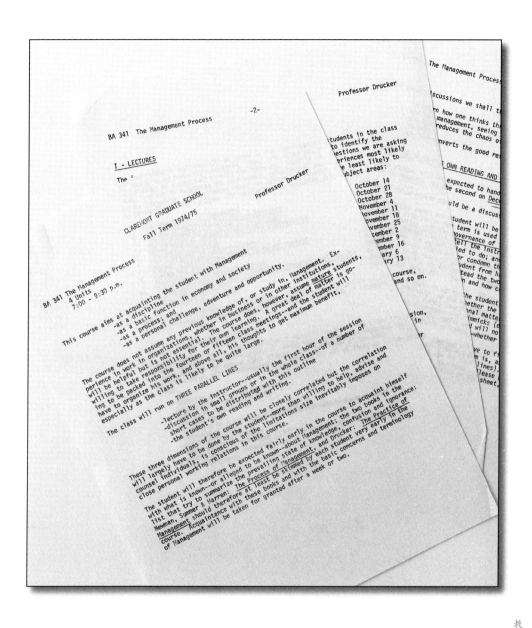

教師

61

彼得·德鲁克与英特尔公司前 CEO 安迪·格鲁夫

# 商业咨询
# 顾 问

**采访者：** 你认为经理人还只是青少年。此话怎讲？

**彼得·德鲁克：** 他们会屈服于同伴压力。某位CEO在高尔夫球场上对你说："我们都打球，不打办不成事。"于是你也不得不去打。过去这20年很不安宁，而管理者很不了解他们生活的这个世界。但是，从众心理不是什么新鲜事。我小时候生活在维也纳，那时那里每个人都觉得自己有必要去接受精神分析。还有那么一段时间，每个孩子过了四岁，就得去把扁桃体摘掉。所以，从众心理不是只在管理领域才有。

**采访者：** 我非常欣赏你的著作，原因之一是你从来不给任何东西当虔诚的布道者。

**彼得·德鲁克：** 是的。我很小的时候就受到告诫，动手术之前要做诊断。只要做了诊断，十次中有九次是不需要动手术的。你只要等一等就行了。你只要给脚打上石膏，6个月不用这只脚去站立就行了。但是，美国的管理者对各种潮流的判断，不比其他国家的管理者更强。日本和欧洲的管理者，一样容易受潮流的影响。

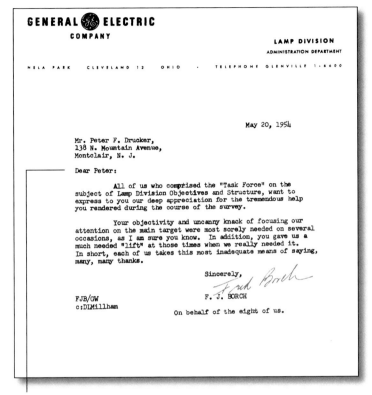

亲爱的彼得：

照明事业部"目标和架构"特别任务组的所有成员，都因为你在调研过程中提供的巨大帮助，向你表达深深的感谢。

你的客观，还有把我们的注意力聚焦于主要目标的那种不可思议的技巧，在好几个场合都是极其必要的，我想你也清楚这一点。另外，你在我们迫切需要的时候带来了宝贵的"提升"。总之，言语苍白，不足以表达我们每一个人的感谢。

真诚的，

弗雷德·博尔奇

代表我们八个人

1954 年 5 月 20 日

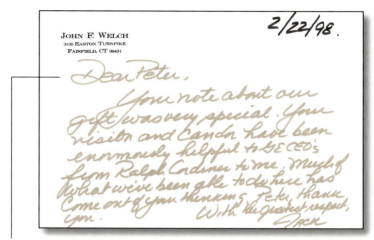

亲爱的彼得：

你收到礼物以后回的信很特别。你的眼光和热忱对通用电气公司的多任CEO，从拉尔夫·科迪纳到我，都有巨大的帮助。我们得以开展的很多事都得益于你的思考。彼得，谢谢你。

致以崇高的敬意。

杰克

1998年2月22日

"这项业务如果不是已经在做，今天你还会投身其中吗？如果答案是否定的，那你会怎么办？"德鲁克问通用电气公司CEO杰克·韦尔奇的这些问题，促使韦尔奇制定了他的核心战略：不管什么业务，凡是其市场地位不是数一数二的，一概整顿、出售或关闭。德鲁克常年为通用电气公司的高管提供咨询服务，最早可以追溯到20世纪50年代的CEO拉尔夫·科迪纳（Ralph Cordiner）。这里展示的写给德鲁克的两封信，一封来自弗雷德·博尔奇（1967年出任通用电气公司CEO），另一封来自杰克·韦尔奇。

德鲁克的另一位著名崇拜者,是可口可乐公司的CEO唐纳德·基奥(Donald Keough)。基奥也请德鲁克做他的顾问,并很感激德鲁克不断敦促他行动。"德鲁克会帮我提炼思路。他在每次结束咨询的时候都会说,'不要告诉我,这次见面很愉快,而是要告诉我,下周一你准备做哪些不同的事'。"上图展示的是1992年德鲁克为这家软饮料巨头做的关于全球品牌和营销挑战的咨询报告,还有他的一副老花眼镜。

PETER F. DRUCKER
636 WELLESLEY DRIVE
CLAREMONT, CALIFORNIA 91711
TELEPHONE: (714) 621-1498

June 17, 1974

Mr. Richard H. Jenrette
Donaldson, Lufkin & Jenrette, Inc.
140 Broadway
New York, New York   10005

Dear Dick:

You asked me to reflect on my day and a half with you and your associates last week and to write you should anything occur to me that we did not discuss. I have been going over my notes pretty carefully and I think we covered everything that was on your agenda. But it might serve a useful purpose if I try to summarize my main conclusions again.

1.      It seems to me absolutely essential that you face up to the need to make a decision regarding your position, direction and scope in the securities business. Your problem is that you have attained your original objectives. The basic premises on which you, Bill Donaldson and Dan Lufkin founded the firm ten years ago have been brilliantly proven right - and as a result you have reached your original objective. This, in many ways, is the most dangerous situation one can be in. For there is then always the temptation to believe that one can, or should, keep on by doing more of what proved so successful in the past. Actually, at this point, to do what has been so successful in the past is always the wrong thing; and to do more of it is to be doubly wrong. It is simply not adequate then to be able to do a little better what by now almost everybody can do and everybody is trying to do. To do what by now has become common strategy a little better than the rest cannot be any distinction. Yet it becomes increasingly expensive. It is therefore, on principle, the wrong strategy.

What is needed in such a situation is the courage to face up to the tough question: "If we were not in this business today would we go into it? And if we were to go into it, what would be the right policy for tomorrow, the policy that would give us a distinction, if not true uniqueness?"

I am not qualified to have an opinion on what the answer to this question should or might be. My own inclination would be to say

德鲁克 1974 年 6 月 17 日写给理查德·H. 詹雷特的信

亲爱的迪克：

你让我回想一下跟你和你的同事度过的这一天半时间，把我认为还没有讨论的事项全都写下来发给你。我仔细检查了自己的笔记，认为你关心的事项全都讨论到了。但是，我想对自己的主要结论再做个总结，这对你们可能会有些帮助。

1. 就你们公司在证券业务领域的地位、发展方向和经营范围做出决策，我认为这是一件你们必须直面的事情。你们的问题是最初的目标已经实现。你和比尔·唐纳森（Bill Donaldson）、丹·勒夫金（Dan Lufkin）在10年前创办这家公司所依据的基本假设，已经被证明是完全正确的——于是你们实现了最初的目标。但从很多方面看，这都是一个公司所能碰到的最危险的境况。这是因为，人们总会倾向于相信自己可以或者应该继续做过去已被证明非常成功的事情。实际上，在这个节点上，继续做过去非常成功的事情总是错误的选择；加大投入更是错上加错。对于现在几乎人人都有能力去做，而且人人都在努力去做的事情，你们只是试图做得更好一点儿是根本不够的。对已成普遍战略的事情，只比其他人做得更好一点儿，无法让你们体现出任何差别。可是，那样做的代价还会越来越高。因此，这样的战略根本就是错误的。

在这样的境况下，需要直面这个难题的勇气："这项业务如果不是已经在做，今天你还会投身其中吗？如果仍然准备去做，那未来正确的策略，也就是哪怕不能带来真正的独特性，也能让我们与众不同的策略是什么？"

我没有资格对这个问题的答案应该或可能是什么置言。我个人的看法是……

"成功以后，时势已变，却仍不做改变，最终可能比失败更具破坏性。"德鲁克这样写道。在这里展示的两份文件当中，德鲁克强调了这个观点。一份是他 1974 年写给帝杰证券公司（Donaldson，Lufkin & Jenrette）的信，另一份是他 2001 年写给宝洁公司的备忘录。德鲁克对帝杰证券公司说："你们的问题是最初的目标已经实现……但从很多方面看，这都是一个公司所能碰到的最危险的境况。"他也这样告诫宝洁公司："宝洁公司完善的体系，可能恰恰已经成为束缚。"

```
                                                    Page 1 of 3
            Comments on P&G Position Paper
                    by Peter Drucker

Overview:
Your position paper persuasively argues that P&G has traditionally focused on optimizing its
Market Capital, i.e., its Brands. What is thoughtfully proposed is to supplement the optimization
of your market capital with optimizing your Intellection Capital, i.e., the information, knowledge
and passion of your performing people

Introduction
P&G has not performed well in recent years, and malperformance began well before the
slowdown in the U.S. economy. In a consumer boom you actually lost market share in some of
your most important brands. There are three plausible explanations for such a development

    1)   Incompetent people
    2)   The basic assumptions and strategies on which the business operates no longer fit
         reality – the market, the environment, the demographics, or distribution system.
    3)   The knowledge, competence, and drive of performing people are misdirected or
         inadequately utilized.

Explanation #1 can be dismissed out-of-hand. The same people who today do not produce
results, performed magnificently only yesterday. There is no reason to believe that large
numbers of people who have shown a long period of high performance, would suddenly stop
performing.

Explanation #2 is certainly of high relevance – but it is also being attacked, and vigorously.
P&G is re-thinking its basic Theory of the Business, adapting it, changing it, re-focusing it. In
fact, P&G has already taken more than one big step towards a strategy based on the Changing
Demographics. The acquisition of Clairol, for instance, was brilliant, though not yet
comprehended by Wall Street. Clairol demographics take off where the Pampers demographics
leave off.

Your position paper is concerned primarily with Explanation #3. Its policy conclusions
supplement the policy conclusions on the Theory of the Business. Indeed, unless the Theory of
the Business and the strategies to make it operational are correct, no policy in respect to People
and Intellectual Capital will produce results. But conversely, the most brilliant strategies will be
ineffectual unless buttressed by the right policies and strategies in respect to People. People
rather than Strategies produce results.

Coming back to the Overview, your paper argues that, traditionally P&G has focused on
optimizing its Market Capital – Brands, and has treated the information, knowledge and passion
of people as an "input", i.e., the traditional economist's "labor", and a "cost". Your paper
proposes to consider and to utilize the information, knowledge and passion of performing people
as "Intellectual Capital" – that is – as the central resource for the entire company rather than as
an input into a specialty, department, product or market segment, and as something to produce a
substantial "Rent" that is a return highly dis-proportionate to its costs and therefore, a major
Producer of Wealth.
```

## 对宝洁行动报告的评论
## ——彼得·德鲁克

**概要**

贵司的行动报告言辞确凿地提出，宝洁公司此前一直聚焦于优化其"市场资本"，即品牌。行动报告精心提出的建议是，在优化市场资本的同时，辅以优化"智力资本"，即公司高绩效员工的信息、知识和激情。

**导言**

宝洁公司近年来绩效不佳，而且这种情况在美国经济放缓的很久以前就已出现。在这个消费者大幅增多的时期，贵司某些最重要的品牌其实在丢失市场份额。对此，有三个可能的解释：

1）人员不胜任。
2）公司运营所依据的基本假设和战略不再符合现实——市场、环境、人口统计情况或分销体系。
3）高绩效员工的知识、能力和动力用错了地方或者没有得到充分利用。

第一个解释可以立刻否定。昨天绩效出众的那些人，今天却无法取得成果。一大群长期取得高绩效的人会突然停止取得绩效，这是没有理由去相信的。

第二个解释当然很相关——但也在受到指摘，而且宝洁公司在有力地反思自己的基本"经营理论"，对它加以调整、改变、再聚焦。事实上，宝洁公司已经朝着根据不断变化的人口统计情况制定战略迈出了不止一步。例如，收购伊卡璐就是很妙的一着，尽管这还没有得到华尔街的理解。从人口统计学的角度来看，伊卡璐的消费人群正好接上帮宝适的消费人群。

贵司的行动报告主要关乎第三个解释。它的政策结论对经营理论的政策结论形成了补充。实际上，除非经营理论以及落实这个理论的战略正确，否则有关人员和智力资本的政策就不会产生成果。但反过来，除非有正确的人才政策和人才战略做支撑，否则最出色的战略也不会奏效。产出成果的毕竟是人，而不是战略。

回到"概要"，贵司的行动报告指出，此前宝洁公司聚焦于优化公司的"市场资本"（即品牌），把人的信息、知识和激情当成"投入"，即传统经济学家所称的"劳动力"，并把这些视为"成本"。行动报告提出，要把高绩效人员的信息、知识和激情视为"智力资本"加以利用，也就是不再把它们当成某个专业领域、部门、产品或细分市场的投入，而是把它们当成整个公司的核心资源，当成一种可以产生高额"租金"的东西（这种"租金"是高到与成本很不相称的回报），一种主要的"财富生产要素"。

20世纪80年代初，德鲁克敦促证券经纪公司爱德华·琼斯（Edward Jones）反思自己的发展战略。德鲁克建议其不能只是简单地向农村和小城镇扩张，而是应该不管顾客在哪里，都把提供最佳服务和经济实惠的投资作为第一要务。这个策略大获成功。这里展示了爱德华·琼斯公司"名人堂"里的德鲁克牌匾，以及德鲁克与西尔斯公司签约时写给该公司的信。他在信中阐明了自己的收费原则：觉得值，再付钱。

**彼得·德鲁克**

管理学泰斗彼得·德鲁克担任爱德华·琼斯公司的咨询顾问超过20年。他敦促我们用思维方式，而不是用地域去定义客户，从而引导公司向都市地区扩张。他经常说自己是爱德华·琼斯公司高管团队的间歇性成员。

```
                    PETER F. DRUCKER
                   138 NORTH MOUNTAIN AVENUE
                   MONTCLAIR, NEW JERSEY
```

                                              March 29, 1955

Mr. James C. Worthy
Assistant to the Chairman
Sears Roebuck & Company
Chicago 7, Illinois

Dear Jim:

  I want to tell you how very happy I am to have an opportunity to work with you again and how very proud I am to be asked to contribute to the work of Sears-Roebuck.

  As I told you, I have learned to stick to a few simple policies in my relationship with a client. And I should like to spell them out again--just to make sure that they are clear.

  In the first place, I do not want the client to be committed to any contractual relationship with me. Even where I work with a client on the basis of a retainer, the client is able to cancel it at any time and for any reason. And where there is no retainer arrangement--as in my understanding with you--the client can simply stop the relationship by not assigning me any more work.

  Secondly, I prefer--very much prefer--to have definite and concrete work assigned rather than a general agreement to "work together". Now, precisely because most, if not all, of my work deals with top management problems of business policy, management organization or management methods, I think it best to avoid anything of the fuzzy and vague relationship.

  Thirdly, I have long ago adopted the Sears slogan of "Satisfaction guaranteed or your money back", by which I mean that I will not bill a client unless he has been satisfied with my work. As I told you, a management consultant in my line of work simply cannot afford to have any one company around which feels that it has not gotten value for the money paid.

德鲁克 1955 年 3 月 29 日写给西尔斯公司董事长助理詹姆斯·C. 沃西（James C. Worthy）的信

亲爱的吉姆：

有机会再次跟你们共事，不胜欣喜。受邀为西尔斯公司做出贡献，骄傲之至。

我对你讲过，我在对待客户时会恪守几条简单的原则。我把它们写下来——以便表述得明确无误。

第一，我不希望客户跟我建立任何合同关系。哪怕支付了预付款，客户也可以在任何时候以任何理由撤销。在没有预付款的情况下（我认为与贵司就是这种情况），客户只要不再给我指派工作，就可以终止双方的合作。

第二，我希望，而且是强烈希望，给我指派明确而具体的工作，而不是签一个泛泛的"合作"协议。正因为我的工作（就算不是全部，也有大部分）关系到最高管理层关心的问题，包括公司政策、管理组织或管理方法，所以我想双方的关系当中最好避免出现任何模糊不清的地方。

第三，我早就采纳了西尔斯公司"保证满意，否则退款"的口号，意思是除非客户对我的工作满意，否则我不收费。我对你说过，从事我这种工作的管理咨询顾问，承受不起有任何一家公司觉得花了冤枉钱。

你们的业务是什么？
你们的业务是培养和发展人。

1989 年，德鲁克问 ServiceMaster 公司的董事会："你们的业务是什么？"得到的答复不外乎扫地、除草，等等。德鲁克却说："你们都错了。你们的业务是培养和发展人。"——这个洞见极大地改变了 ServiceMaster 公司激励和关怀员工的方式。上图体现了 ServiceMaster 公司的员工对过 85 周岁生日的德鲁克的敬意。一家规模较小的公司还为表达对德鲁克的感谢而向《华尔街日报》写信，这充分体现了作为咨询顾问的德鲁克的客户范围之广。

JAMES M. VARDAMAN & CO., INC.
FOREST MANAGEMENT SPECIALISTS
P.O. DRAWER 22766
JACKSON, MISSISSIPPI 39225
601-354-3123

29 July 1987

Editor
The Wall Street Journal
200 Liberty St.
New York, NY  10281

Dear Sir:

Some consultants may find Peter Drucker's advice impractical and have trouble translating it into actions, but we never did.  During a total of seven days in 1973 and 1977, he spoke directly to our problems and helped us through the period of extraordinary growth that sinks many companies.  He gave us, not techniques, but understanding.  He insisted that we learn what our business was and should be, build upon the strengths of our staff members and make their weaknesses irrelevant, and demand and reward nothing but superior performance. Although none of us at that time had studied anything but forest management, we knew immediately how to apply what we learned from him.

He gave us something else that is rarely mentioned.  Once he helps a manager understand what the manager's role really is, Peter insists that the manager's practices meet the very highest moral standards, that he appeal only to the highest instincts of those he manages. When you follow Peter's code, you don't need to worry about violating many of the laws that scare many  managers.  And every now and then, you see a tiny sign that you have made the world a better place to work in.

Sincerely,

James M. Vardaman

JAMES M. VARDAMAN, PRES./ROBERT D. HATCHER, DAVID R. LITTERST, TIM H. WICKERSHAM, AND EDWIN E. ORR, VICE PRESIDENTS
FOUNDED IN 1951, NOW OPERATING FROM 19 BRANCH OFFICES ACROSS THE SOUTH

美国密西西比州从事森林管理的詹姆斯·M. 瓦达曼公司 1987 年 7 月 29 日向《华尔街日报》编辑部写了这封信，落款签名的是詹姆斯·M. 瓦达曼本人敬启者：

　　一些咨询顾问可能觉得彼得·德鲁克的建议不切实际，难以将其付诸行动，但我们从来不这么认为。在1973年和1977年，他总共花了7天时间直接讨论我们面临的困扰，帮助我们度过了让很多公司衰落的特殊增长时期。他带给我们的不是各种技巧，而是理解。他坚决主张我们要弄清楚自己的业务是什么以及它应该是什么，充分利用员工的长处并规避他们的弱点，要求员工取得出色的绩效并且只对出色的绩效给予奖励。虽然那时我们除了森林管理以外一无所知，但我们立刻明白了如何把从他那里学来的东西用起来。

　　他还教给我们一些很少有人提起的东西。德鲁克在帮助一位管理者弄清自己真正的角色以后，就坚决要求这位管理者按照最高道德标准行事，他只诉诸他所管理的人的最高本能。只要你遵守德鲁克的准则，就无须担心违反林林总总的法律，那可是让很多管理者担惊受怕的事情。偶尔，你还会看到自己让世界变得更加美好的细微迹象。

真诚的，

詹姆斯·M.瓦达曼

日本山崎面包公司（Yamazaki Baking）每年会推出5000种新产品，该公司认为自己创新成果的喷涌在很大程度上归功于德鲁克的教导。"创新的关键不在于想要变得了不起，而在于保持简单。"该公司CEO饭岛延浩（Nobuhiro Iijima）说的这句话，与德鲁克的思想相契合。"与其试图用大种子获得大结果，不如播下小种子并让它们结出大果实。"这里展示的是山崎面包公司授予德鲁克的荣誉，以及以经营另一种"面包"为业的公司——总部位于美国哥伦布市的第一银行（Bank One）写给德鲁克的信。

Finance One Corporation   Tel  614 244 3070
825 Tech Center Drive
Columbus OH 43271 1083

February 10, 1999

Dr Peter Drucker
Professor
Claremont College
636 Wellesley Drive
Claremont, CA 91711

Dear Dr Drucker

The insights you shared during our videotaped discussion in December were exceptionally helpful. In fact, they were so meaningful to our business that we decided to include a key portion of the video at the January 1999 Finance One National Sales Conference in Orlando, attended by 800 top sales and marketing performers.

Our conference participants were intrigued with your observation that financial institutions are social entities. Our managers, in particular, appreciated your fresh ideas on human resources, which will affect the way we think about and approach our people. In addition, your input has been very helpful to me in the development of the Breakthrough Leadership process. (Colin Powell, our guest speaker the night your video aired, also noted your insightful comments in his speech.)

As a result of the impact you made—both at our conference and toward the long-term success of Finance One—our executive team has selected you to receive the BANK ONE Visionary Award. The award is presented each year to a leader whose exceptional vision, commitment and courage to explore new ideas have inspired our people  You will receive the Visionary Award by separate cover in the next few days.

Dr Drucker, you and I have had several discussions over the years. You continue to be an inspiration to me—and to the international business community  I look forward to visiting with you again.

Warmest regards,

Don Winkler
Chairman and CEO

第一银行董事长兼 CEO 唐纳德·温克勒在 1999 年 2 月 10 日给德鲁克写的信

尊敬的德鲁克博士：

你在去年12月召开的讨论会上分享的洞见（我们拍了录像），对我们帮助非常大。事实上，这些洞见对我们的业务意义非凡，于是我们在1999年1月召开的第一金融集团全国销售大会上播放了讨论会录像的关键部分。这个在奥兰多召开的大会有800人参加，来的都是公司里销售和营销绩效最出色的人。

你认为金融机构是社会实体的观点，激发了与会者浓厚的兴趣。我们的管理者还非常欣赏你关于人力资源的新思想，这将会改变我们了解和对待员工的方式。另外，你讲的东西对我个人开发"突破领导力法"非常有帮助。（播放你视频那个晚上的特邀演讲嘉宾科林·鲍威尔，在演讲时也提到了你富有洞察力的见解。）

由于你带来的这些影响（包括在我们大会上的影响和对第一金融集团所获得的长期成功的影响），我们高管团队选定你获得第一银行"远见奖"。这个奖项每年评选一次，颁发给一位以非凡的远见、决心和勇气探索新思想并带给我们激励的领导者。过几天，你就会收到"远见奖"的荣誉证书。

德鲁克博士，我这些年来和你有过多次讨论，你是一个不断激发我思考的人——也激发各国工商人士的思考。期待很快再来拜访你。

唐纳德·温克勒

谨致问候

德鲁克第一次走进大企业内部去观察，是受到通用汽车公司的邀请。此行带来的结果是他 1946 年出版的代表作《公司的概念》。该书断言通用汽车的某些政策已经过时，因此招致该公司的怨恨。不过，从通用汽车公司董事长约翰·史密斯（John Smith）写的一封信中可以看出，这些怨恨在多年以后显然已烟消云散。德鲁克喜欢自称"收钱训斥客户"的"咨训顾问"，而不是"咨询顾问"。但是，从另一封信里戴维·洛克菲勒（David Rockefeller）那些亲切的话语中，我们很难相信德鲁克一贯如此犀利。

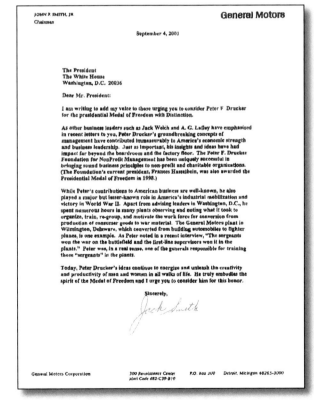

通用汽车公司董事长约翰·史密斯 2001 年 9 月 4 日写给美国总统的信

尊敬的总统先生：

　　有人提请你考虑向彼得·德鲁克颁发"总统自由勋章"，我写信来的目的便是表达对这个建议的支持。

　　杰克·韦尔奇和雷富礼都写信给你，着重指出彼得·德鲁克在管理领域的突破性概念对美国的经济实力和商业领导地位做出了无可衡量的贡献。同样重要的是，他的洞见和思想远不只影响了董事会办公室和车间。德鲁克基金会在把优秀的商业原则带进非营利组织和慈善组织方面取得的成功独一无二。（基金会现任总裁弗朗西斯·赫塞尔本已在1998年被授予"总统自由勋章"。）

　　德鲁克对美国商业的贡献广为人知，其实他还在第二次世界大战期间的美国工业动员中扮演了重要角色，为取得战争的胜利做出了重要贡献，只不过这不那么为人所知。那时，除了在华盛顿特区向商业领袖提供咨询服务以外，他还花费大量时间深入众多工厂，观察和记录从消费品生产转向战需物资生产要怎样组织、培训、重新组合和激励员工。通用汽车公司在特拉华州威尔明顿的工厂就是一个例子，该工厂当时从生产汽车改为生产战斗机。正如德鲁克在最近一次采访当中所说的，"士兵在战场上赢得战争，一线主管在工厂里赢得战争"。德鲁克实际上是一位负责培训工厂里那些"士兵"的将军。

　　今天，彼得·德鲁克的思想在继续鼓舞和释放各个阶层的创造力和生产力。他真正体现了"自由勋章"的精神，因此我极力主张你考虑把这个荣誉颁发给他。

真诚的，

约翰·史密斯

30 ROCKEFELLER PLAZA
NEW YORK NY 10112

ROOM 5600  (212) 649 5600

November 30, 1999

Dear Peter:

    I have read a number of articles about you lately indicating that you are cutting back to some degree from your very heavy schedule. The articles reminded me of the times we used to see one another when I was still with The Chase.

    One of the pieces spoke of you appropriately as "the father of modern management." From my perspective, that was a fully justified accolade. Your approach to management always appealed to me as being more philosophical than dogmatic. Without having been as careful a student of your books as I might have been, you gave me a sense of management style which I found very helpful during my years as a banker.

    I have no other purpose in writing this letter other than to tell you that I feel that in many ways I learned more about how to be a manager from you than from anyone else I can think of. I always enjoyed the all too rare conversations we had and only regret that I did not take greater advantage than I did of your wisdom as a teacher.

    I hope things are going well for you. If you have time some day when you pass through New York, I hope you will give me a call. It would be fun to exchange some reflections.

With best regards,

Sincerely,

David Rockefeller

Dr. Peter F. Drucker
636 Wellesley Drive
Claremont, California 91711

戴维·洛克菲勒 1999 年 11 月 30 日写给德鲁克的信

亲爱的彼得：

我最近读到了好几篇关于你的文章，说你正在削减自己非常繁重的日程。这些文章让我想起了那段我们互访的日子，那时我还在大通银行工作。

其中一篇文章恰如其分地称你是"现代管理学之父"。在我看来，这个赞誉完全名副其实。你看待管理的方式，在我看来始终是具有哲学意味的而不是教条的。虽然我没有像本该做到的那样用心读你的书，但你让我对管理方式有了一种感觉，这在我当银行家的那些年给了我莫大的帮助。

我写这封信来没有别的目的，只是想告诉你，我觉得从很多方面来讲，关于如何做一名管理者，我从你那里学到的东西，比从其他任何人那里学到的都要多。我一直享受我们之间那些非常难得的谈话，而我唯一遗憾的是，当初没有更好地汲取你教给我的智慧。

祝你诸事顺遂。哪天你要是路过纽约，如果有时间，希望你能打电话告诉我。聊聊往事会很开心的。

真诚的，

戴维·洛克菲勒

20世纪60年代,为美国白宫提供咨询服务的德鲁克

# 政府咨询顾问

**采访者：** 你是怎么开始给政府做咨询的？

**彼得·德鲁克：** 跟别的事一样，我从来不主动去找，总是事来找我。这个嘛，你听说过第二次世界大战吧？他们来找我，希望我去，就是这样。

**采访者：** 是谁来找你的？

**彼得·德鲁克：** 有个叫战时经济委员会（Board of Economic Warfare）的机构……那里的人想雇用我去做全职工作，但几周以后，他们断定，我也决定，我不想去。他们本来可能让我去做二把手，或者三把手，我不是很确定。我讨厌这样的工作，我清楚自己根本不适合去大机构，我不属于那里，我喜欢独行。所以没过多久，可能就几周，双方就达成了我不属于那里的共识。他们断定我不属于那里，所以我还是当一名顾问。

德鲁克1959年7月31日给科罗拉多大学罗伯特·E.拉思伯恩（Robert E. Rathburn）教授的回信

　　德鲁克有意避免加入任何党派，他1959年写给拉思伯恩教授的这封信就揭示了这一点。他写这封信，是为了拒绝一个共和党机构的服务邀请。与此同时，他又对受邀为任何一位总统服务感到骄傲。正如约翰逊总统写给他的便条所示。一直以来，德鲁克还观察入主白宫的历任总统，分析他们的领导力经验。他在逝世前不久，挑选出民主党总统和共和党总统各一名，认为他们是过去100年里最有成效的总统，这两人分别是哈里·杜鲁门和罗纳德·里根。

尊敬的拉思伯恩教授：

　　那天我和你通电话时，恐怕犯了一个错误，误以为你们委员会是由美国总统任命的，负责就一些基本和远期的事务向美国政府献计献策。几分钟后我与珀西先生交谈时，才发现事实上你们委员会是由共和党任命，并为共和党工作的。

　　我一直把听候美国政府的召唤作为自己的一项原则。但我很早就立下了另一项原则，那就是如果我与政党有任何联系，也只会是当候选人（我想这是最不可能发生的）。因此，我不得不拒绝你对我发出的去阅读这些报告并提出意见的盛情邀请——尽管我已经读过它们，觉得它们很让人振奋，但我也发现自己有一个疑问：在各个政治问题上抱有的善意，能否真的汇聚成政治方案和政策。

　　随信退回你好心寄给我的文件，并致以诚挚的问候。

真诚的，

彼得·德鲁克

抄送：查尔斯·珀西先生、詹姆斯·C.沃西先生

> THE WHITE HOUSE
> WASHINGTON
>
> February 23, 1965
>
> Dear Mr. Drucker:
>
> I understand you have been invited to serve as a member of the National Citizens Commission to support International Cooperation Year. I just want you to know that I will be personally grateful to you for lending your influential support.
>
> Sincerely,
>
> *(signed)*
>
> Mr. Peter Drucker
> 138 North Mountain Avenue
> Montclair, New Jersey

约翰逊总统1965年2月23日写给德鲁克的便条

尊敬的德鲁克先生：

　　获悉你已受邀加入国家公民委员会以支持国际合作年的工作。我个人对你的鼎力支持表示感谢。

　　　　　　　　　　　　　　　　　　　　　　真诚的，
　　　　　　　　　　　　　　　　　　　　　　约翰逊

```
                              July 12, 1960

    MEMORANDUM

    To:     RN
    From:   Bob Finch


    Enclosed is a series of three articles by this writer,
    Peter Drucker, who Jim Worthy says is a former left-winger
    who now wants to help in the cause.  While I have had an
    opportunity to read it, I understand his third article for
    Harper's which is in galley proof form enclosed on the problem
    of the Presidency, is worth reading.
```

致：理查德·尼克松

自：鲍勃·芬奇

  随信附上彼得·德鲁克写的三篇文章，吉姆·沃西（Jim Worthy）说德鲁克是一名前左翼分子，他现在想要为我们的事业提供帮助。虽然我还没有看过，但我认为《哈波斯》杂志准备刊出的这三篇文章中的第三篇（目前是清样状态），即关于总统职位问题的那篇，值得一读。

  理查德·尼克松总统的某些下属对德鲁克的政治观点是持谨慎态度的（至少对他"早年"的政治观点是这样），这从总统助理鲍勃·芬奇（Bob Finch）1960年写的这张备忘录中可以看出来。但不管怎样，通过另一张便条可以看出，尼克松要求整个领导班子阅读德鲁克后来关于"政府的弊病"的论述。德鲁克写道："有充分的证据表明，政府现在大而不强，虚胖而不健壮，花销巨大而成绩不多。"

```
THE WHITE HOUSE
    WASHINGTON

          May 15, 1969


Dear Peter:

I think you would be interested to know that
the President has asked that your article in
The Public Interest, which I sent him a short
while ago, be reproduced and sent to all the
major members of his Administration with
the hope that they would find the time to give
it their careful attention.

              Cordially,

              Daniel P. Moynihan
              Assistant to the President


Professor Peter Drucker
138 North Mountain Avenue
Montclair, New Jersey
```

尼克松总统助理丹尼尔·P. 莫伊尼汉（Daniel P. Moynihan）写给德鲁克的便条

亲爱的彼得：

我想你会有兴趣知道，我不久前把你发表在《公共利益》上的文章推荐给了总统，他要求我将其复印并转发给内阁中的所有主要成员，希望他们抽时间认真阅读。

诚挚的，

丹尼尔·P. 莫伊尼汉

总统助理

1969 年 5 月 15 日

若非冷战造成的疯狂,很难想象美国联邦调查局为什么要给德鲁克建一个卷宗——这里展示的是这个卷宗的片段。毕竟,德鲁克不是什么颠覆分子。德鲁克希望看到的,是一个创新在各种机构里层出不穷的社会,从而以"既不流血,又没有内战……还没有经济危机"的方式实现"自我更新"。

美国联邦调查局记录科

卷内信息均未分类

- ☑ 姓名核实 6523 室
- ☐ 注意
- ☐ 借阅 6524 室
- ☐ 提交文件审查
- ☐ 归还　　　　　分机号码

主管人办公室

- ☐ 所有卷宗
- ☑ 颠覆性活动的卷宗
- ☐ 仅有主要卷宗
- ☐ 仅有主要的　　　卷宗
- ☐ 限制活动范围
- ☐ 详细　☐ 增强
- ☐ 准确的姓名
- ☐ 准确的拼写
- ☐ 检查是否按字母顺序排列

主题
地址

FEDERAL BUREAU OF INVESTIGATION
RECORDS SECTION
ALL INFORMATION CONTAINED
HEREIN IS UNCLASSIFIED
, 195

- ☐ Name Check Unit-Room 6523
- ☐ Attention
- ☐ Service Unit-Room 6524
- ☐ Forward to File Review
- ☐ Return to　　　　　Ext.
  Supervisor
  Room

- ☐ All References
- ☑ Subversive References
- ☐ Main References Only
- ☐ Main　　References Only
- ☐ Restrict to Locality of
- ☐ Breakdown ☐ Buildup ☐ Varia
- ☐ Exact Name Only
- ☐ Exact Spelling
- ☐ Check for Alphabetical Loyal

SUBJECT Drucker, Peter
Address

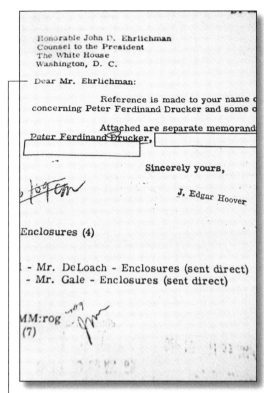

联邦调查局局长 J. 埃德加·胡佛（J. Edgar Hoover）呈送给尼克松政府的总统顾问埃利希曼（Ehrlichman）的便条，涉及德鲁克卷宗

尊敬的埃利希曼先生：

  按照你的要求呈上与彼得·费迪南德·德鲁克这个名字有关的卷宗……

  附件是彼得·费迪南德·德鲁克的独立报告……

真诚的，<br/>J. 埃德加·胡佛

附件数量（4）

德洛克先生 – 附件（单独呈送）

盖尔先生 – 附件（单独呈送）

```
                    [letterhead]

February X, 1978

Hon. Thomas D. Morris
Inspector General
Department of Health, Education and Welfare
Office of the Secretary
Washington, D.C. 20201

Dear Tom:

I am delighted to hear that you are still in the Government
Service, and in such a crucial key job, at that.  I had
been wondering where you had gone – somebody told me that
you had left GAO.  I am really happy to hear that you have
not chosen retirement yet; and that you are still willing
to contribute to the public service and make available
your unique knowledge, your unique skills and, above all,
your tremendous personal integrity and leadership.  This
is wonderful news – and no agency needs you as badly as
HEW.  I only hope that you do occasionally take a little
time off and enjoy life.  I know the universe is in bad
shape – but most of it, thank God, is in better shape
than HEW.

I am also delighted to hear that you are presenting a paper
on Bob McNamara, although – to my regret – I will not be
there to hear you give it.  I never attend a meeting in
August – and altogether I do not attend meetings anymore.
I concentrate my time on my own priority tasks of writing
– a new book of mine is just about finished – teaching,
consulting, and lecturing, in that order.  And I try not
to travel too much.  By the way, I would strongly urge
you to organize a top level federal government mission,
I hope under your leadership, to the International Management
Congress (CIOS) in New Delhi this December.  The Indians
and the people in Asia altogether are launching a major
effort and are working terribly hard to make this CIOS
Congress a success.  They do not have any money, of course
[illegible]
```

德鲁克1978年致一位友人的信

亲爱的汤姆：

很高兴得知你仍在政府部门工作，并且出任了如此关键的职位。有人告诉我你已经离开美国审计总署（GAO）了，我一直在想你去了哪里。得知你没有选择退休，而是仍然愿意献身公共服务事业，奉献自己独特的知识、技能，尤其是你无与伦比的个人品格和领导力，我真的很开心。这个消息简直太棒了——因为没有哪个机构比美国卫生、教育和福利部（HEW）更迫切地需要你了。我只希望你能偶尔休息一下，享受享受生活。我知道整个世界的状况都很糟糕，但大多数地方的情况总比 HEW 要好上一些。

我同样很高兴得知你正在准备一篇关于鲍勃·麦克纳马拉的讲话。不过很遗憾，我没法到场聆听你的发言。我从不出席 8 月举办的会议，而且我基本上也不会再出席任何会议。我集中时间去完成自己的优先任务，首先是写作，我的一本新书即将完成，然后依次是教学、咨询和演讲。我尽量减少外出旅行……

"政府的目的是集中社会的政治力量，把重大事项公之于众，提出基本的决策选项。换句话说，政府的目的是治理。治理与'执行'（doing）不相容，这一点我们从其他机构的运行当中已经获知。任何把政府和'执行'大规模结合的尝试，都会使政府丧失决策能力。"1978年，德鲁克在致友人的一封信中，对一个联邦政府部门所处的窘境做出了评论，下图则是德鲁克在里根主政时期收到的白宫邀请函。

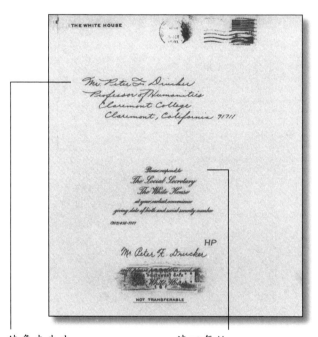

彼得·德鲁克先生　　　　　请回复给
人文学科教授　　　　　　社交秘书
克莱蒙特学院　　　　　　白宫
克莱蒙特，加州，邮编91711　请尽快回复
　　　　　　　　　　　　并附上你的出生日期和社会安全号码

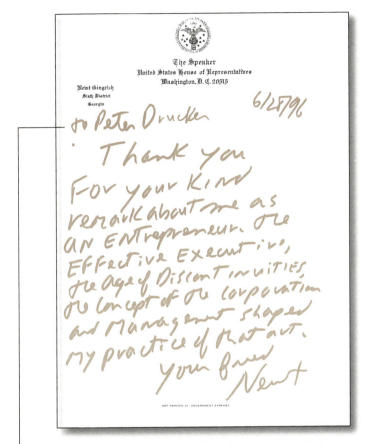

美国众议院议长纽特·金里奇（Newt Gingrich）1996年6月28日写给德鲁克的感谢信。信笺抬头是美国众议院

彼得·德鲁克先生：

感谢你称呼我为创业者。你的著作《卓有成效的管理者》《不连续的时代》和《公司的概念》塑造了我在这门艺术上的实践。

你的朋友，
纽特

（信笺抬头为）美国农场工人联合会
美国劳工联合会——产业工会联合会

尊敬的德鲁克先生：

上周和你的交谈非常愉快，很期待我们定于2月18日中午12:00的下一次会谈。

我可能会邀请董事会中的一位成员共同出席，希望这不会对你造成不便。

诚挚的，
西泽·E.查维斯

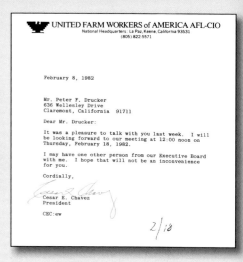

美国农场工人联合会领袖西泽·E.查维斯1982年2月8日写给德鲁克的信

德鲁克曾说，他认为自己"有时是自由的保守派，有时是保守的自由派，但从来不是'保守的保守派'或'自由的自由派'"。可能这就是德鲁克能够吸引政治立场迥异的人士的原因所在。这些人包括共和党籍的前众议院议长纽特·金里奇（他曾推荐所有国会议员阅读德鲁克的《卓有成效的管理者》），以及美国农场工人联合会（United Farm Workers）领袖西泽·E.查维斯（Cesar E.Chavez），他曾就移民政策等事项向德鲁克咨询。

德鲁克接受女童军荣誉徽章

# 社会部门
## 顾 问

**彼得·德鲁克：** 在过去的 20 年里，我为一些快速发展的乡村教会做了很多事情……教会中有些人称赞我……说我为他们提供了关键的、核心的概念。当然，我做了一些平常的事情，站在一旁观察，发表一点个人看法。

这些看法在很多机构得到了验证。我不觉得政府、女童军和通用汽车公司之间存在任何大的差异。它们大同小异。

**采访者：** 在非政府组织、教育机构或者其他任何组织中，你认为自己对哪类组织的影响比其他任何人都要大？

**彼得·德鲁克：** 你看啊，我可能对非营利组织发挥的作用最大，原因很简单，那就是很长一段时间里，那里只有我一个人在做顾问。我在非营利组织的知名度，可能跟我在企业的知名度一样高……但是我不认为自己在哪个领域有影响力；尽管对个别人或者个别公司，我是产生过影响的。别忘了，我从未有过团队，也从未有过员工、助手或者合伙人，所以一直以来我能处理得过来的事情是很少的。

德鲁克告诫说，管理出色的机构不只存在于私营部门。这是德鲁克1989年在《哈佛商业评论》发表的《企业可以向非营利组织学什么》这篇文章里提出的观点，它在当时被人视为异端邪说。救世军（The Salvation Army）给德鲁克留下了尤其深刻的印象。他说："论使命的明确、创新的能力、可衡量的成果、奉献精神以及发挥资金的最大效用，至今没有组织可以企及它。"这里展示的是救世军组织2001年颁发给德鲁克的"卜婉懿奖"（Evangeline Booth Award），以及同样深受其影响的美国红十字会向他颁发的奖品的特写。

德魯克：一位智者的人生影像

106

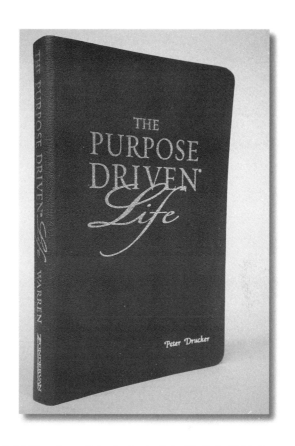

德鲁克写道:"20世纪上半叶意义最重大的社会现象是公司的兴起。20世纪下半叶意义最重大的社会现象,则是大型甚至巨型的乡村教会的发展。"这里展示的是牧师华理克(Rick Warren)所著《标竿人生》(*The Purpose Driven Life*)的德鲁克私人定制本,华理克与德鲁克有20多年的亲密友谊。一并展示的还有鲍勃·班福德对德鲁克的赞誉。班福德是一位社会企业家,他对推动巨型教会的发展功不可没。

# What Peter Drucker Does For Me

By Bob Buford  June 14, 2002

1. He defines the landscape
   - What's behind, ahead, to each side (the context)
   - The social ecology in which my work plays a part
   - The futurity of present events
   - He creates new language ("knowledge worker")

2. He defines the opportunities, the void, what is needed <u>now</u>

3. He helps me to clarify my strengths and capacities
   - To build on strength
   - To avoid what I don't do well
   - To focus on making strengths productive
   - To identify the strengths of others that I need to be effective

4. He identifies the myths, the false paths, the incorrect assumptions of "the industry" within which I am working
   - What used to be true that no longer is
   - The conventional wisdom that will lead me astray

5. He encourages me to "go for it"
   - To commit myself and my funds to a new and needed project in an unfamiliar landscape
   - He gives me the insight, courage and confidence to go forward

6. He helps me to sort out the right strategies

7. He affirms results

8. He points out wasted effort
   - He helps me to stop doing things
   - "When the horse is dead, dismount"
   - When I have no results, he suggests that perhaps I don't know how to do it

## 德鲁克对我的影响
### 鲍勃·班福德　2002 年 6 月 14 日

1. 他建立起全局视角

- 历史、前景、左右两边（当下的情景）
- 我们所处的社会生态
- 当前事件的未来性
- 他创造了新词汇（"知识工作者"）

2. 他指明了机遇、空白，以及现在的需求

3. 他帮助我识别自身的优势和能力

- 发挥长处
- 规避短处
- 专注于运用优势取得成效
- 找出他人身上那些能够让我有成效的长处

4. 他厘清了我所在"行业"的谬误、歧途，以及不正确的假设

- 昨是今非之处
- 会使我误入歧途的传统观念

5. 他鼓励我"全力以赴"

- 将自己和资金投入一个陌生的领域，去做一个全新和必需的项目
- 他给我前行的洞见、勇气和信心

6. 他帮我梳理出正确的策略

7. 他对成果进行确认

8. 他指出我浪费精力之处

- 他帮我做减法
- 提醒我"既然马已死，那就下马来"
- 当我劳而无功时，提醒我可能没有掌握做事的方法

兹证明彼得·德鲁克为美国女童军终身成员并享有终身成员的所有权益

被德鲁克誉为全球最出色的领导者,并有能力掌管任何企业的女童军CEO弗朗西斯·赫塞尔本,是德鲁克《卓有成效的管理者》等著作的忠实读者。1981年,德鲁克开始直接为女童军提供咨询服务,帮助女童军回答5个关键问题,从而让该组织做好迎接新时代的变革的准备。这5个问题是:我们的使命是什么?我们的顾客是谁?顾客认可的价值是什么?我们的成果是什么?我们的计划是什么?这里展示的是德鲁克的女童军绶带和终身成员证书。

社会部门顾问

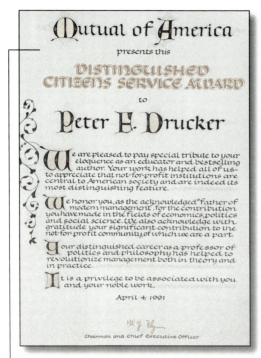

美国相互保险公司(Mutual of America)董事长和CEO W. J. 弗林(W. J.Flynn)颁发给德鲁克的奖状

美国相互保险公司
杰出公民服务奖
彼得·德鲁克

  我们诚挚地向你表示敬意,你作为一名教育家和畅销书作家广受赞誉。你的工作帮助我们所有人认识到,非营利组织既对美国社会极其重要,也是美国社会最显著的特征。

  感谢你作为公认的"现代管理学之父",在经济、政治和社会科学领域做出的贡献。尤其要感谢你对我们所属的非营利团体做出的重大贡献。

  作为一名政治学和哲学领域的教授,你杰出的职业生涯推动了管理学理论和实践的革命。

  非常荣幸能与你和你崇高的工作相伴。

W. J. 弗林<br>1991 年 4 月 4 日

在德鲁克眼中，非营利组织之所以至关重要，不仅在于它们给服务对象提供的服务，而且在于它们为志愿者提供了价值和成就感。他写道，"在社会部门并通过社会部门履行公民义务，虽然不是治愈社会疾患的万应灵药"，但可以"复兴作为社区标志的公民责任感"。这里展示的是1991年美国相互保险公司为表彰德鲁克在非营利领域做出的贡献而颁发给他的奖状，以及记录了德鲁克所承担的社团服务责任的部分清单。

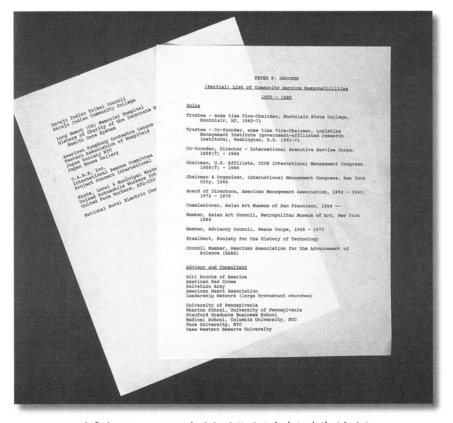

德鲁克1950～1988年承担的社团服务责任清单（部分）

## 彼得·德鲁克
## 承担的社团服务责任清单（部分）
## 1950～1988 年

### 任职

董事，曾任董事会副主席，蒙特克莱尔州立大学，新泽西州，1960～1971 年

董事，联合创始人，曾任副会长，美国物流管理学会（政府附属研究机构），华盛顿哥伦比亚特区，1961～1971 年

联合创始人，董事，国际执行官服务组织，1958（？）～1966 年

主席，国际管理科学委员会（CIOS）国际管理大会美国分会，1958（？）～1966 年

主席，组织者，国际管理大会，纽约市，1966 年

董事，美国管理协会，1952～1960 年；1972～1976 年

委员，旧金山亚洲艺术博物馆，1986 年～

委员，纽约大都会艺术博物馆亚洲艺术委员会，1986 年

委员，美国和平队顾问委员会，1968～1973 年

主席，美国技术史学会

委员会成员，美国科学促进会

## 顾问和咨询

美国女童军
美国红十字会
救世军
美国心脏协会
领导力网络（面向大型新教教会）

宾夕法尼亚大学
宾夕法尼亚大学沃顿商学院
斯坦福大学商学院
哥伦比亚大学医学院
佩斯大学
凯斯西储大学

纳瓦霍印第安人部落委员会
纳瓦霍印第安人社区学院
纽约长滩纪念医院
圣道大学仁爱修女会（休斯敦）医疗健康分会

全美交响乐团联盟
西部医院联盟
纽约日本协会
日本之家画廊

国际救助贫困组织
国际救援委员会（IRC）
"项目关注国际"组织

············

1999年,早在美国的"为公众利益"运动(企业以向社会部门捐赠员工的时间和才干的方式参与这个运动)兴起以前,德鲁克就指出了参与志愿活动的好处:它是企业培养员工的一种方式。德鲁克称,非营利组织"是组织内的知识工作者真正发现自我和真正学会管理自己的地方"。这里展示的是国际救助贫困组织(CARE International)给德鲁克颁发的奖状。这是一个旨在消除全球贫困的组织。

德鲁克在日本

# 国际人士

**采访者：** 你最初是怎么对日本历史和艺术产生兴趣的？

**彼得·德鲁克：** 1934年6月7日，星期六，下午2点。那时我在伦敦一家银行工作。那天阳光灿烂，在6月的伦敦，这样的天气只是偶尔会有的，而且星期六我们只上班到中午12点，于是我走路回家。从伦敦城走到汉普斯特德很远，走到半路，到达皮卡迪利广场的时候，暴风雨来了，我立刻躲进一个封闭空间，正好是伯灵顿拱廊街。这是英国皇家美术学院举办年度画展的地方，但当年展出的不是往年那种难看的画作，而是该学院第一次举办的巡回展，这也是它第一次展出日本画作。这些画作是日本政府送往西方国家展出的。从此我就被日本画深深吸引住了。后来，我第一次去日本访问时，就开始买日本画，一开始我出手很谨慎。第二次去日本时，我妻子是一起去的，她也爱上了日本……我们开始更认真地收藏日本画。不过，我们犯了一个严重的错误。我们应该在20世纪60年代倾囊而出，能借多少钱就借多少钱，去买日本画。现在我们买不起了。

2001年，德鲁克请上海一位成功的企业家讲一讲，近年来中国发生的最重要的事是什么。对方的回答是："我们现在把私家车当必需品，而不是奢侈品。"德鲁克得出结论："这就是全球化的含义。全球化不是经济事件，而是心理现象。"在这个过程中，"西方发达经济体的价值观……被视为常态"。这里展示的是德鲁克在各地旅行时寄回的明信片，还有国际管理协会（International Academy of Management）颁发给德鲁克的奖章。

1959年首次访问日本的德鲁克，是第一批预言日本将崛起为经济大国的人之一。他后来还成了日本艺术专家。他写道："日本美学是理解日本和外部世界之间那种非常特殊的关系（我其实更想说独特的关系）的一条途径。那是一种建立在接受基础上的关系……同时接纳或者至少保留的是那些强化日本特色的东西。"这里展示的是德鲁克的日文名片，还有日本天皇1966年颁发给他的证书。

德鲁克的日文名片，两个头衔分别是：纽约大学管理学教授、克莱蒙特研究生大学社会科学特聘教授

日本天皇1966年颁发给德鲁克的"勋三等瑞宝章"证书

"变乃不变之永恒"。话虽如此,"变"也是内外皆变,内变更要靠人才与勇气。1997年,三星聘请国外顶尖人才成立了战略应变小组,该智囊团由25位MBA人士组成,这些人均为世界顶尖学府出身的人士。每当三星集团遇到不便向外求助的难题时,该小组会立即集思广益,尽快制定相关战略并贯彻实施,直到问题解决。

德鲁克说:"不创新,毋宁死(innovate or die)。"三星秉持着这种精神,因时而变,因势而变,不断追求创新。这种创新型的管理和创业式的经营,已成为三星企业文化的灵魂,就是以"变"为核心的新经营理念;以人才和技术为基础,创造最佳的产品和服务,为人类社会做贡献。其企业精神是"与顾客同在,向世界挑战,创造未来"。

三星集团确实体现出德鲁克创新的原则与精神,包括产品与服务的创新,市场、消费者行为和价值的创新,为制造产品与服务并将它们推出所需的各种技能与活动的创新。简而言之,就是产品创新、社会创新与管理创新。正因为如此,三星才成就了今日的三星。

三星集团现在是韩国最大的企业,也是韩国唯一进入全球品牌价值前100名的企业。2007年

詹文明所著《管理未来:卓有成效的德鲁克》,东方出版社2009年出版

德鲁克提出过诸多核心理念,例如视人为资产、养成高效的习惯、建立强有力的价值观,他关于创新的洞见更是在全球引发了强烈共鸣。例如,很多韩国公司开始采纳德鲁克所称的"创造明天"的思想。德鲁克本人则称韩国"毋庸置疑"是全球最具创业精神的国家。这两张照片分别展示了德鲁克警句"innovate or die"㊀的一种中文表述,以及一摞以各种语言出版的德鲁克著作。

---

㊀ 此句译为"不创新,就灭亡"可能更加妥帖。——译者注

德鲁克说:"技术和资本只是工具,只有得到有能力且有成效的管理者的正确使用,它们才能发挥出作用。"在这个观念的指导下,位于北京的彼得·德鲁克管理学院每年招收很多学员,指导他们学习德鲁克的思想。德鲁克曾经嘱咐该学院的创始人邵明路:"你不要办一个传统的大学或者商学院,而要努力营造全新的管理文化。"书中展示的这幅画卷是该学院在德鲁克95岁生日时赠给他的礼物。

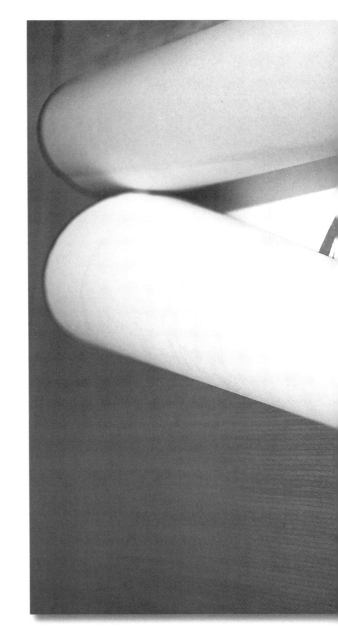

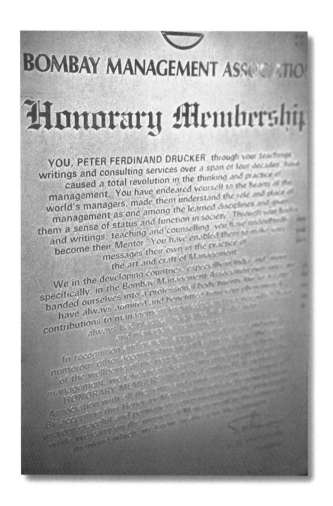

"中国和印度的发展速度非常快,它们正在成为遏制美国经济独大的力量,"德鲁克2003年在课堂上讲道,"这是两个非常不同的国家,它们虽然都在成为世界经济的主要力量,但是差别很大。"这里展示的荣誉会员证书是孟买管理协会1978年颁发给德鲁克的。

　　德鲁克的著作已被翻译成 40 多种语言出版发行。全球各地的学习者自发组建了德鲁克学会（Drucker Societies），他们根据德鲁克的学说开展各式各样的项目，推动当地社群发生积极的改变。德鲁克的影响之广，从这里展示的两份纪念品可见一斑。一份是玻利维亚 1989 年给德鲁克颁发的"荣誉海军上将"纪念奖牌，另一份是来自北马其顿首都斯科普里的特别生日祝福。

UNITED STATES INFORMATION SERVICE
GRADSKI ZID, BLOK IV • 91000 SKOPJE
TELEPHONE (389)(91) 116 623, 117 129
FAX (389)(91) 118 431
E-MAIL USISSKP@LOTUS.MK

**GREETING CARD TO PETER DRUCKER**

PETER F. DRUCKER
DEPT. OF MANAGEMENT
CLAREMONT GRADUATE SCHOOL
170 E. 10TH ST
CLAREMONT, CA 91711-6163

DEAR PROFESSOR DRUCKER,

ON THE OCCASION OF YOUR BIRTHDAY, WE ORGANIZED A ROUND TABLE IN SKOPJE -- THE CAPITAL OF THE FORMER YUGOSLAV REPUBLIC OF MACEDONIA, HEADLINED: "PETER DRUCKER - VISIONARY AND CREATOR."

OUR GOAL WAS, THROUGH REAFFIRMATION OF YOUR IDEAS IN THESE AREAS, TO TRY TO SOLVE SOME OF THE PROBLEMS FACING OUR COUNTRY.

THUS, THAT THE UNIVERSALITY OF YOUR WORK KNOWS NO GEOGRAPHICAL OR POLITICAL BOUNDARIES IS CONFIRMED AGAIN.  SIMPLY STATED, YOUR WORK IS BECOMING A TREASURE TO ALL OF THOSE WHO LOVE TO THINK.

HAPPY BIRTHDAY, WITH SINCERE WISHES FOR LONG LIFE AND GOOD HEALTH.  IN RETURN, WE ARE HOPING TO ENRICH OUR KNOWLEDGE WITH SOME NEW WORK FROM YOU.

ORGANIZERS OF THE ROUND TABLE:

  - EKO PRESS ECONOMY MAGAZINE
  - COPIS - NT PRIVATE ENTERPRISE
  - U.S. INFORMATION SERVICE/SKOPJE

PARTICIPANTS IN THE ROUND TABLE:

  - RETIRED AND ACTIVE PROFESSORS FROM "SV. KIRIL AND METODIJ UNIVERSITY"
  - STUDENTS
  - BUSINESSMEN

## 给德鲁克先生的贺卡

尊敬的德鲁克教授：

值你生日之际，我们在斯科普里举办了一次圆桌会议，主题是"彼得·德鲁克——远见者和创造者"。

我们希望借本次会议重申你的观点，尝试解决我们国家正面临的一些问题。

这一切再次说明，你的工作的普适性超越了地域或政治的界限。简单来说，你的工作正在成为所有喜欢思考的人的财富。

由衷地祝愿你生日快乐、健康长寿。这样，我们便可以从你的新工作中汲取更多的知识。


圆桌会议主办方：
—— EKO 新闻财经杂志
—— COPIS-NT 私营企业
—— 美国新闻处斯科普里办事处

出席会议的有：
—— 来自圣基里尔·麦托迪大学的退休教授和在职教授
—— 学生
—— 商界人士

穿着堪萨斯城皇家棒球队球衣的德鲁克

# 家人、朋友和爱好

**采访者：** 我记得，你说过一个人有必要关心生活的全部，包括家庭、朋友和各种组织，不能过分拘泥于一件事。

**彼得·德鲁克：** 用"幸福的人"这个词可能不太合适，但我认识的那些对生活感到满意、满足的人，他们都活在不止一个世界里。只活在一个世界里的人，最后都很不开心——你在政界最常见到这种人。这个世界上没有那么多高层职位，也很少有人能长期身居高位。

一心想身居高位，意味着你一周在家里吃的晚饭不会超过一顿，意味着你的孩子们要挂个名牌在身上，你才分得清谁是谁——这样的人我认识一些。我认识的那些感到满足的人，他们的人生不止有一个维度，所以他们就算在某个领域受到了挫折，也不至于过不下去。

德鲁克的夫人多丽丝出生在德国，结婚以后她就开始担任德鲁克的私人编辑，一当就是71年。多丽丝在欧洲上的大学，兼修经济学和法律，后来在菲尔莱狄更斯大学（Fairleigh Dickinson University）获得物理学硕士学位。多丽丝对知识的好奇心，跟她丈夫德鲁克一样不受拘束。她在备受好评的自传《德鲁克夫人回忆录》(Invent Radium or I'll Pull Your Hair)里回忆歌德的作品："让我迷惑的是，不读这些书，你怎么能成为一个受过良好教育的人？"这里展示的是德鲁克夫妇的结婚证。

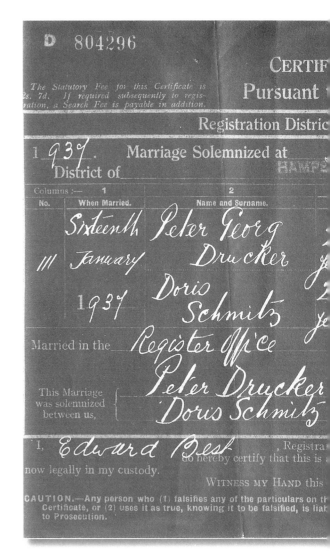

登记地区：伦敦汉普斯特德区；登记日期：1937年1月16日

彼得·德鲁克，29岁，未婚，银行经理

多丽丝·施密特，25岁，未婚，——

多丽丝·德鲁克在她82岁那年创办了一家公司以生产一种主要用于大型演讲的电子设备,只要演讲人的声音小到场地内有人听不见,这种设备就会发出提醒。虽然该设备一开始就是给德鲁克使用的,提示音是多丽丝自己说的"大声点!",但德鲁克很少参与公司的事务。"他非常惊讶地看着这一切。彼得帮我处理税务,我对此非常感谢,但他不了解怎么创建新公司。"多丽丝回忆说。这里展示的是多丽丝写给德鲁克的一段情话,还有德鲁克小女儿画的一幅画。(德鲁克夫妇一共有四个子女,画中前排为琼妮,后排左起分别为德鲁克、文森特、塞西莉、凯西、多丽丝。)

德鲁克家族

致:我的父亲　自:琼妮
给父亲的圣诞礼物。
好运鱼
圣诞快乐

德鲁克与管理学和经济学领域的许多杰出人物保持着良好的友谊。出生于维也纳的学者、《大转型》作者卡尔·波兰尼（Karl Polanyi）就是其中之一。波兰尼的著作着眼于经济嵌入社会和文化的方式。德鲁克也把威廉·爱德华兹·戴明（William Edwards Deming）视为朋友。戴明研究的是统计学，他被广泛认为是现代质量控制之父，其学说有力推动了第二次世界大战后日本的经济发展。这里展示的是德鲁克分别于1949年2月9日和1976年5月19日写给波兰尼和戴明的信。

```
                    PETER F. DRUCKER
                    BENNINGTON COLLEGE
                    BENNINGTON, VERMONT

                         February 9, 1949

Dr. Karl Polanyi.
433 West 120th Street
New York, N.Y.

Dear Karl:
           The Pittsburgh deal, alas, fell through at the
very last moment - in fact, after the last moment
so to speak.  Indeed, it was too good to be true,
and I would have been very much more dubious about it
had the Dean not assured me that he had full approval
from his various authorities so that the ratification
of the appointment was a mere formality, something
which turned out to have been a very rash statement,
to say the least.  I am annoyed by the loss of time
to look around, especially as January is the best
academic hunting month, but not otherwise depressed
as the development clearly shows that Pittsburgh, in
spite of all its promises, would not have been willing
or politically able to back me in a program which would
undoubtedly provoke the opposition of powerful local
forces, especially in management.

           I write you this both because I want to keep
you posted and because I wonder whether your careful
research into the Columbia Business School situation
has brought any results.  I also want to tell you
that I am definitely not continuing at Bennington.
I shall go on sabbatical leave at the end of this
academic year from which I will not return here - some-
thing which, as I know, will not surprise you.

           The book is making very good progress.  I feel
gay and light-hearted about it for the first time.
I still do not want to show you anything till I have
a reasonably even draft of the whole.  But I feel now
that this will be the case within another three months.

           May I also remind you of your half-promise to
come up here during midterm or at the latest during the
Easter vacations ?  We want to present Joan Agatha to
you and we all very much want to see you.

           With all our love,

                         Peter
```

亲爱的卡尔：

　　唉，匹兹堡的事情在最后时刻黄了——事实上，可以说都已经过了最后一刻。是啊，天下哪有这么好的事，要不是系主任向我保证他已经拿到了各个权威部门的批准，因此他的任命书其实只是个形式，我本该怀疑这一切才对，事实证明，他的表述非常不可信。这种浪费时间的四处打转让我很恼火，尤其1月本是最好的学术狩猎月。但我并没有因此而沮丧，因为事态的发展清楚地表明，尽管匹兹堡方面做出了所有承诺，但在一个无疑会激起强大地方势力的反对，特别是激起管理层反对的项目当中，他们本就缺乏力挺我的意愿或者政治能力。

　　我给你写这封信，一方面是因为我想让你随时了解情况，另一方面也是因为我想知道你对哥伦比亚商学院那边情形的细致调查是否有了结果。我还想告诉你，我绝对不会继续留在本宁顿。我将在本学年结束后休学术假，之后不会再回来——我想这不会让你感到惊讶。

　　我写书的进展很好，在写作此书的过程中我最近第一次有了愉悦和轻松的感觉。不过我还不想给你看任何东西，等到全书有一个足够像样的草稿再说吧。但我现在觉得，三个月内我就能办到。

　　另外，想提醒你一下，你还记得你曾经半真半假地说过要在这个学期的期中或者最迟在复活节假期来我们这里吗？我们想把琼·阿加莎介绍给你认识，而且我们大家都非常想见你。

　　献上我们所有的爱。

　　　　　　　　　　　　　　　　　　　　　　　　　彼得·德鲁克

**PETER F DRUCKER**
636 WELLESLEY DRIVE
CLAREMONT CALIFORNIA 91711
TELEPHONE: (714) 621 1488

May 19, 1976

Professor W. Edwards Deming
Graduate School of Business Administration
New York University
100 Trinity Place
New York, New York  10006

Dear Ed:

I am unhappy that I cannot join with all your GBA friends at this reception to honor you at your retirement. I am too far away and will not be able to attend. But I do not want to let this occasion go by without conveying to you my very warmest wishes. You already were one of the stars and leaders at GBA when I joined the faculty in 1950. And from the beginning, I looked to you and to a few of the other seniors of the time for inspiration, for guidance, and above all for standards. What I have learned from your example is beyond measurement – and cannot possibly be sampled, not even unscientifically. But the example you gave all of us – in your concern for the individual student; in your kindness towards the new and young faculty member; and in your complete uncompromising integrity of standards and insistence on principle – was inspiration, guidance, and a constant source of renewal for me and of pride in being privileged to be associated with you.

And so I am joining with all your friends, students and admirers today in wishing you the very best for your retirement – I know it will be an active one, a productive one, and I hope a healthy and a very long one. If only I were good enough to write a Canticle of Praise and Thanksgivings for William Edwards Deming.

In old friendship,

As always, yours,

尊敬的爱德华兹·戴明先生：

很遗憾不能和纽约大学商学院的所有同人一起出席你的退休典礼，向你表达敬意。我实在离得太远，无法出席。但我不想错过这个向你表达我最热烈祝愿的机会。我1950年加入纽约大学商学院的时候，你已经是学院的明星和领导者之一。从一开始，我就向你和当时的其他几位前辈寻求灵感、指引，把你们奉为楷模。我从你的亲身垂范中学到的东西无法衡量——也无法抽样，哪怕是用不科学的方法抽样。但你确实给我们所有人都树立了榜样——你对每个学生的殷切关怀，你对新进年轻教员的友善，你对工作标准的一丝不苟以及对原则的坚守，都一直鼓舞、指引着我，成为我不断自我更新的源泉，这也是我有幸与你共事的骄傲所在。

在此，我和你所有的朋友、学生和仰慕者一起，祝愿你的退休生活一切顺利——积极、富有成效，并且健康、长久。我要是有才华献上一首赞美诗，向威廉·爱德华兹·戴明先生表达我的赞美和感谢之情就好了。

你一如既往的老友，

彼得·德鲁克

在德鲁克档案馆的所有藏品当中，恐怕没有比他 1972 年写给两位朋友的这封信更能说明，扮演作家、教师、顾问、丈夫和父亲等众多角色的德鲁克，过着怎样的日常生活。

```
                    PETER F. DRUCKER
                    636 WELLESLEY DRIVE
                  CLAREMONT, CALIFORNIA 91711
                   TELEPHONE: (714) 621-1488

                           July 25, 1972

Dear Jim, dear Millie,

            First our very warmest wishes on the new homes
and on the new assignment. I hope Jim enjoys Sangamon State ( if
not, he has only himself to blame-- he invented the place, after all).

            As you will see from this letterhead we too have
moved-- we moved a year and a half ago. We did not, however, try to
set up two residences though we flirted with the idea. ( and anyhow
we do have a summer home in the Colorado Rockies where we spend two
months each year, as a rule, as you know). Rather we looked for a
year-round climate and for the work base to go with it. I considered
Stanford but they wanted me to be a full-time academician and to
take on a lot of educational chores- they have never intrigued me.
So I accepted appointment as Clarke Research Professor of Social Science
at Claremont Graduate School-- one of the Claremont Colleges ( of which
Pomona is the oldest and best known) thirty miles East of Los Angeles
on the foot of lovely high mountains. I have known these colleges for
many years and am very fond of them. And I have no more teaching than
one day a week-- the teaching load I have been carrying for many years.
I have agreed to stay on officially on the NYU faculty as a Distinguish-
ed University Professor; but that means three lectures a year-
public ones- usually in April when I have to be in New York anyhow.

Otherwise I keep on the work I have been doing all along. Or rather
I am slowly changing a little bit. Instead of 100 days of consulting
- this last year it was 135 which is too much- I'll cut outside
consulting and lecturing slowly back to 45 or 50 days, retaining primar-
ily the clients I am most interested in. But at the same time I have
been serving as the main editorial advisor to the Saturday Review
Magazines after a group of my friends acquired them from the
former editor and publisher who almost killed them off through
gross non-management. And beginning this coming September we are
(a) moving these magazines out of New York and to San Francisco,
and ( b) I'll officially ( though we may not announce it) take over
as Chairman of the Editorial Advisory Board which would mean five
days a month, ten months a year in San Francisco-- since two of
our four children live there anyhow, this is totally acceptable to us.
Indeed we may, in a year or two, move up to San Francisco-- though
we enjoy the Los Angeles Sun and especially the daily swim, first
thing in the morning- after which I'd commute one day a week during
the academic year to Claremont, keeping a faculty apartment there
but living in the San Francisco area--we haven't made up our mind and
will try commuting to San Francisco first. So I am busier than
ever-- and on top of this I am deep into a new book. I started
a year and a half ago to revise PRACTICE OF MANAGEMENT-- it came out
```

他在信中提到，自己曾经试图更新 1954 年出版的经典著作《管理的实践》，但"我很快发现，没法'更新'，不得不写一本全新的、超大部头的书"。次年，《管理：使命、责任、实践》出版。

亲爱的吉姆，亲爱的米莉：

首先，对你们的新家和新工作致以我们全家最美好的祝愿。我希望吉姆喜欢桑加蒙（如果不喜欢，那只能怪他自己——毕竟是他挑选的这个地方）。

你们看这封信的信封就能知道，我们也搬家了——一年半之前搬的。然而，我们没有尝试拥有两处住所，尽管动过这个念头。（当然，我们确实在科罗拉多落基山脉有一个避暑的地方，你们知道，我们通常每年都会在那儿待上两个月。）相反，我们更喜欢全年气候宜人并且适合工作的地方。我考虑过斯坦福大学，但它希望我全职做学术，并承担许多从未引起过我兴趣的教学琐事。所以，我接受了克莱蒙特研究生大学的聘任，担任社会科学克拉克研究教授。克莱蒙特研究生大学是克莱蒙特学院联盟（波莫纳学院是其中最古老、最著名的学院）的成员之一，位于洛杉矶以东 30 英里⊖的美丽高山脚下。我熟识这些学院很多年了，非常喜欢它们。我一周最多上一天课——我多年来就承担这么多教学工作量。我还同意以特聘教授的官方身份留在纽约大学，但这意味着一年三次演讲（公开演讲）——通常在 4 月，反正那时我无论如何都得在纽约。

除此之外，我继续独自一人做着一直在做的工作。或者，更确切地说，我正在尝试做出一点改变。去年咨询做了 135 天而不是 100 天，这太多了——我会把外部咨询和授课的时间慢慢减到 45 天或 50 天，主要留下那些我最感兴趣的客户。与此同时，我还在担任《星期六评论》的主要编辑顾问——几个朋友从前主编和出版商那里收购了这家杂志社。前主编和出版商显然毫无管理，这差点让杂志社关门。今年 9 月，我们将（a）把杂志社从纽约搬到旧金山，（b）我将正式（虽然可能不会宣布）接任编辑顾问委员会主席，这意味着我每年要在旧金山待 10 个月，每个月 5 天。我们的四个孩子中有两个住在那里，所以这对我们来说是完全可以接受的。事实上，虽然我们喜欢洛杉矶的阳光（特别是每天游泳，这是早晨的第一件事），但一两年后我们甚至可以干脆搬到旧金山去。搬去之后，我会在学年期间每周一天往返克莱蒙特，找间教师公寓歇息一下，但仍旧住在旧金山地区——这件事我们还没有决定，先要往返旧金山一段时间。因此，我比以往任何时候都更忙。最重要的一件事是，我

---

⊖ 1 英里 =1609.344 米。

在写一本新书，正渐入佳境。一年半前，我开始修订《管理的实践》，尽管它依然畅销，但毕竟出版于1954年，年头有点久了。我很快发现，没法"更新"，不得不写一本全新的、超大部头的书。我完成了三分之二或更多——不过我这么说已经快有一年了。我希望能在年底前完成，但其实不太可能——估计得到明年春天才行。我手边堆积的事情还有一些，我现在主要面向公共服务机构提供项目咨询，如洛杉矶郡的学校系统（一团糟）和洛杉矶市的学校系统（也一团糟）。总之，我比以往任何时候都忙得多，我知道必须砍掉一些——但到目前为止，我还在不断揽事。

多丽丝也忙得不可开交——你们可能还记得她是一名物理学家，几年前她又获得了注册专利代理人的资格。由于我们经常去日本（我们最小的女儿琼在那里快要读完一年的研究生课程，她将于明年前往芝加哥攻读硕士学位），而且多丽丝又特别勤奋（我很懒），学会了日语（至少可以阅读了），她已成为日本顶尖专利律师在美国的通讯员，并代表他们根据美国法律完成日本专利在美国的重新注册。和我一样，她的节奏并没有慢下来，反而是忙得不亦乐乎。但这似乎对我们有好处。至少我们每年徒步和登山的次数更多了，尤其是今年。我们确实有时间一起旅行，去年五六月我们便一起去了日本。顺便说一句，这是我们12年来第9次去日本。

我们的孩子分散住在各地。大女儿凯西在波士顿，与从麻省理工学院毕业的一位设计规划师结了婚，生了两个男孩。她的第一本重要诗集即将由双日出版社（Doubleday）出版——她已经成为一个正在崭露头角的年轻诗人。我们的儿子文森特即将推出一本面向中小学教师的杂志，他为此准备了3年，已经筹集好了资金，雇用了员工，准备在10月发行创刊号。文森特住在旧金山，我们的二女儿塞西莉也住在那里。她在银行业取得了巨大成功，曾经担任美国银行（Bank of America）一家分行的副行长。之后塞西莉决定去做她一直该做的事，那就是去法学院进修——她刚刚读完第一年，非常幸福。我们最小的女儿琼刚刚在日本待了两年半。她学完日语以后，先是在日本一所学校教英语，后去东京学习研究生一年级的课程，明年她将在芝加哥继续学业。

卡罗尔、她的丈夫和孩子们近况如何？

再次向你们致以最美好的祝愿，希望你们来西海岸时咱们能见个面。

一如既往的，<br>彼得·德鲁克

德鲁克个人收藏的部分音乐专辑,最醒目的两张都是巴赫的作品——《约翰受难曲》和《法国组曲》

德鲁克年轻时学过作曲,并且一度想以此为业。尽管后来改变了职业道路,但他经常从音乐当中寻找可以用于管理的经验。他曾在《哈佛商业评论》发表文章称:"要想打造一支世界一流的交响乐团,需要一遍又一遍地排练同一个乐章,直到指挥对首席单簧管的演奏感到满意。一个工业实验室的主任要想取得成功,也是这个道理。"这里展示的是德鲁克个人收藏的部分音乐专辑。

《法国组曲》的唱片，Westminster 是美国著名的古典音乐唱片公司

德鲁克自称"非常资深的环境保护主义者"。20世纪40年代末期,他在本宁顿学院开过一门生态学课程,可没有一个学生报名。德鲁克解释说:"在那个时代讲人类必须避免过度破坏自己继承的大自然,看起来还是一个非常陌生和极其保守的概念。"他热爱徒步和爬山,而且在旅途中喜欢哼唱约德尔调,他的足迹遍及富士山和科罗拉多的多座山峰。这里展示的是德鲁克用过的一根手杖,还有他在一次远足时采摘的雪绒花。

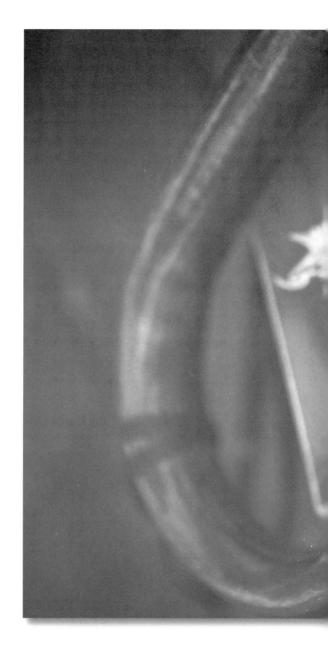

家人、朋友和爱好

POST CARD

Dear Peter, I just got back from — 7/7/86
five weeks of lecturing + consulting in
Europe, and am elated and
overjoyed at your performance. This
is the greatest turnaround in
baseball history — my congratulations
and admiration!
And I am overjoyed too at the prospect of
seeing you here in September. What is the
schedule.
    With warmest regards to you, to
Mrs. Bavasi, to your colleagues in management
and to the slot tribe
                                Peter Drucker

Mr. Peter Bavasi
Cleveland

LANDSCAPE  By Soen, (15th Century)
Sumi on paper.  39.5 × 29.6 cm.
Peter F. Drucker Collection.

SETSU GATODO CO., TOKYO

"赠给德鲁克，来自一位年纪很大的新朋友。风钻·巴瓦西，1985年10月11日"

  德鲁克夫妇没有买电视机，但为了看一年一度的棒球"世界大赛"，他会租一台回家。1986年，德鲁克为克利夫兰印第安人棒球队（Cleveland Indians）提供咨询，帮助球队总经理彼得·巴瓦西（Peter Bavasi）在球队施行他那著名的"目标管理"体系，取得了让人赞叹的成果：整个赛季球队打赢84场比赛，而前一个赛季只打赢60场。左边这张明信片是德鲁克写给巴瓦西的，他对球队的转变表示祝贺。照片里的这颗棒球则是彼得·巴瓦西的父亲送给德鲁克的——巴瓦西的父亲绰号"风钻"（Buzzie），曾经担任洛杉矶道奇（Dodgers）棒球队的总经理。

家具制造商赫曼·米勒（Herman Miller）前CEO马克斯·德普雷（Max De Pree）在他的著作《领导力是一门艺术》（Leadership Is an Art）中吸收了德鲁克的思想。"领导者对有效性负责。"德普雷说，"关于有效性的讨论很多，一些最好的观点出自德鲁克。他深入浅出地阐述概念的能力出神入化。他讲过一个道理，效率是把事做正确，而有效是做正确的事。"不过，正如这封信所说，德普雷与德鲁克之间不仅仅是师生关系，最重要的是，他们把彼此当作朋友。

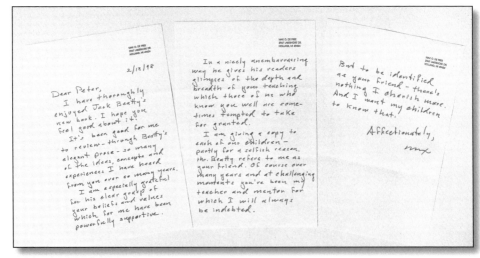

家具制造商赫曼·米勒前CEO马克斯·德普雷于1998年2月13日写给德鲁克的信

亲爱的彼得：

我对杰克·贝蒂的新书爱不释手，希望你也喜欢它。

贝蒂优雅的语句帮助我很好地回顾了多年来从你那里听到的诸多想法、概念和经验。

我尤其感谢他对你的信仰和价值观的清晰理解，它们一直给我以强有力的支持。

他以一种非常令人赏心悦目的方式让读者一睹你的教学风采，我们这些熟悉你的人有时会无意识地忽视其作用。

这本书我给每个孩子都送了一本，部分是出于私心。贝蒂先生称我为你的朋友。当然，多年来，特别是在那些充满挑战的时刻，你一直是我的老师和导师，我对此永远心存感激。

但是，能够被视为你的朋友，让我无比畅怀。我想让孩子们都知道这一点。

充满深情的，<br>马克斯

乔治·布什向德鲁克颁发"总统自由勋章"

# 德鲁克的
# 遗 产

**采访者：** 彼得·德鲁克先生，我问最后一个问题，希望你能遂我的愿，别认为我太贪婪了。你度过了漫长的一生，非常关注生活以及生活的方式。你现在95岁了，对来生怎么看？对那个你必然到达的转变时刻怎么看？

**彼得·德鲁克：** 这么说吧，我刚好是一个既正统又传统的基督徒。就是这样，我不去想那些事，我奉从旨意。那些事不是我该想的。

**采访者：** 那一定让人很心安。

**彼得·德鲁克：** 是的。我每天早上和晚上都会祷告。

2002年,德鲁克获得"总统自由勋章",这是美国民众所能得到的最高荣誉,这时离他逝世还有三年。在白宫举办的授勋仪式上,德鲁克被赞誉"以开创性思想帮助众多企业、政府机构和非营利组织取得了成功"。颁奖词还称,他的著述"对我们社会的形塑产生了巨大影响"。这里展示的是德鲁克所获的自由勋章以及他自认对管理学这门学科做出的最重要的贡献。

636 WELLESLEY DRIVE
CLAREMONT CALIFORNIA 91711
TELEPHONE: (909) 621-1488
FAX: (909) 626-7366

January 18, 1999

What do I consider my most important Contributions?

- That I early on— almost sixty years ago- realized that MANAGEMENT has become the constitutive organ and function of the <u>Society of Organizations</u> ;

- That MANAGEMENT is not "Business Management- though it first attained attention in business- but the governing organ of ALL institutions of Modern Society;

- That I established the study of MANAGEMENT as a DISCIPLINE in its own right;

and

- That I focused this discipline on People and Power; on Values; Structure and Constitution; AND ABOVE ALL ON RESPONSIBILITIES- that is focused the <u>Discipline of Management</u> on Management as a truly LIBERAL ART.

Peter F. Drucker

我认为自己最重要的贡献是什么？

——我很早（在近60年前）就认识到，管理已经成为组织型社会的基本器官和功能；

——管理最初是在企业受到关注的，但它不只是"企业管理"，而是现代社会所有机构起统摄作用的器官；

——我把管理研究发展成了一门自成体系的学科；

——我把这门学科聚焦于人与权力，聚焦于价值观、结构和基本制度，特别是聚焦于责任——也就是让管理学聚焦于作为真正的博雅技艺的管理。

彼得·德鲁克

1999年1月18日

在德鲁克漫长的人生快要走到终点之时，一位好友问他想以怎样的方式被人记住，德鲁克回答说："我是搞写作的，作品就是我的遗产。我什么机构也没创建过。那么，你还想要谈什么呢？"这张照片展示的是德鲁克一生的全部著作，它们被陈列在克莱蒙特研究生大学德鲁克管理学院的书架上，总数超过一万页。可能最让人诧异的是，这些书有三分之二是他在六十几岁以后写的。到了这个年纪，大部分人已经退休了。

左起：《德国，最后四年》《经济人的末日》《为成果而管理》《卓有成效的管理者》《不连续的时代》

《工业人的未来》《公司的概念》《新社会》《管理的实践》《美国的下一个20年》《已经发生的未来》《技术与管理》《人与商业》《管理：使命、责任、实践》《养老金革命》……

德鲁克的遗产

虽然德鲁克回应说"我什么机构也没创建过",但有两个机构在继承和发扬他的事业。2004年,德鲁克管理学院更名为彼得·德鲁克与伊藤雅俊管理学院,以纪念为该院捐资的日本著名企业家,德鲁克的朋友伊藤雅俊。1998年,德鲁克档案馆创立。2006年,档案馆并入新创立的德鲁克研究所。这里展示的是彼得·德鲁克与伊藤雅俊管理学院落成典礼的视频画面,以及档案馆开馆仪式的日程表。

德鲁克：一位智者的人生影像

2009～2010年，为了纪念德鲁克诞辰100周年，全球多地举办了名为"百年德鲁克"的活动，包括研讨会、讲座等多种形式。左侧照片中的街道位于德鲁克管理学院和德鲁克研究所外——这条街原名"第十一街"，在100周年纪念活动中改名为"德鲁克大道"。下方这张照片拍摄的是德鲁克研究所办公室的天花板，上面滚动显示着有关德鲁克研究所工作的推文⊖。这些消息不断提醒研究所的人员牢记德鲁克的教导——"所有成果都在外部"。

---

⊖ 发布推文的原平台推特已于2023年更名为X。——译者注

# 照片许可和版权信息

除下面列出的照片是经许可使用的以外，其他所有资料的原件均来自德鲁克档案馆的馆藏。

### 学生证，第 8 页

Goethe-University Frankfurt am Main, University Archives.

### 关于"谁也没听说过德鲁克"的信，第 14 页

Emergency Committee in Aid of Displaced Foreign Scholars, Manuscripts and Archives Division, New York Public Library.

### 写给欧文·克里斯托尔的信，第 15 页

Irving Kristol Papers, Wisconsin Historical Society Archives.

### 《管理：使命、责任、实践》目录，第 24 页

Harper & Row, Publishers records, 1935—1973, Columbia University Libraries.

**林德尔·厄威克写的信，第 27 页**

Lyndall Urwick Archive, Henley Business School, University of Reading.

**关于埃尔顿·梅奥的信，第 28 页**

Ronald Greenwood Papers, Nova Southeastern University Archives.

**关于"The Recent Future"作为书名的信，第 36 页**

John Sylvester Fischer Papers. Manuscripts and Archives, Yale University Library.

**关于"从来没有动过当编辑的念头"的信，第 38 页**

Melvin Kranzberg Papers, Archives Center, National Museum of American History, Smithsonian Institution.

**1940 年关于"课堂能力"的信，第 47 页**

"A Guide to the Papers of the Institute of Public Affairs," University of Virginia, 1927—1953, Special Collections, University of Virginia Library.

**写给理查德·H. 詹雷特的信，第 68 页**

Richard H. Jenrette Papers, Southern Historical Collection, Wilson Library, University of North Carolina at Chapel Hill.

**鲍勃·芬奇写的备忘录，第 92 页**

Vice Presidential files, Richard Nixon Presidential Library and Museum.

**写给卡尔·波兰尼的信，第 142 页**

Karl Polanyi Archive.

**写给 W. 爱德华兹·戴明的信，第 144 页**

W. Edwards Deming Papers, Manuscript Division, Library of Congress.

除以下内容以外，所有采访片段都来自艾米·唐纳利（Amy Donnelly）对彼得·德鲁克本人的采访。采访是在 1999 年 8 月 26 日为德鲁克档案馆所做的。

**关于"移民"的采访，第 2 页**

Big Picture Media Corporation，日期不详，德鲁克档案馆。

**关于"商业咨询顾问"的采访，第 64 页**

CIO 授权使用并保留所有版权（1997）。

**关于"家人、朋友和爱好"的采访，第 137 页**

采访者布鲁斯·罗森斯坦（Bruce Rosenstein），2005 年 4 月 11 日，文字稿，德鲁克档案馆。

**关于"德鲁克的遗产"的采访，第 160 页**

采访者汤姆·阿什布鲁克（Tom Ashbrook），"On Point with Tom Ashbrook"节目，美国全国公共广播电台，2005 年 8 月 2 日。

# 德鲁克小传

彼得·德鲁克，1909年出生于奥地利维也纳，作家、教授、管理顾问。他自称"社会生态学者"，像生态学者观察和分析生物界那样，研究人类的自我组织和交往方式。

被《商业周刊》誉为"发明管理学的人"的德鲁克，直接影响了不计其数的读者。这些读者遍布社会各个部门的各类组织，包括美国白宫、通用电气、IBM、英特尔、宝洁、美国女童军、救世军、红十字会、美国农场工人联合会等。

德鲁克一生著书近40本，发表学术论文和通俗文章无数，预见了20世纪后期诸多重大事件，例如私有化和分权、日本崛起成为全球经济大国、营销和创新产生决定性作用、信息社会的兴起以及随之而来的终身学习变得必要。20世纪50年代后期，德鲁克创造了"知识工作者"（knowledge worker）这个词，并用尽余生研究这个全新的社会。这个社会的特点是，倚重脑力而不是倚重体力的人的数量多到前所未有。

德鲁克在著述当中始终倡导保持健康的平衡——在短期需要与长期可持续之间保持平衡，在赢利与其他义务之间保持平衡，在单个组织的特定使命与社会共同福祉之间保持平衡，在自由与责任之间保持平衡。

德鲁克1939年出版了他的第一本重要著作《经济人的末日》。英国前首相温斯顿·丘吉尔读完这本书以后，称德鲁克是"那种几乎做任何事情都可以被原谅的作者，因为他不仅有自己的思想，而且有激发他人深入思考的天赋"。带着对周遭世界抱有的无限好奇心，同时胸怀让世界变得更加美好的深切渴望，德鲁克在常人已经休笔的年纪仍然笔耕不辍。他佳作不断，里程碑式的经典迭出：1946年的《公司的概念》，1954年的《管理的实践》，1966年的《卓有成效的管理者》，1973年的《管理：使命、责任、实践》，1985年的《创新与企业家精神》，1993年的《知识社会》，1999年的《21世纪的管理挑战》……

德鲁克曾在莎拉·劳伦斯学院、本宁顿学院、纽约大学任教，后在克莱蒙特研究生大学度过职业生涯的最后30多年。2002年，他获得"总统自由勋章"，这是美国民众所能获得的最高荣誉。

2005年11月，德鲁克逝世，离他的96岁生日仅几天之遥。

# 德鲁克著作

1.《经济人的末日》(*The End of Economic Man*,1939)

2.《工业人的未来》(*The Future of Industrial Man*,1942)

3.《公司的概念》(*Concept of the Corporation*,1946)

4.《新社会》(*The New Society*,1950)

5.《管理的实践》(*The Practice of Management*,1954)

6.《美国的下一个20年》(*America's Next Twenty Years*,1957)

7.《已经发生的未来》(*Landmarks of Tomorrow*,1957)

8.《为成果而管理》(*Managing for Results*,1964)

9.《卓有成效的管理者》(*The Effective Executive*,1966)

10.《不连续的时代》(*The Age of Discontinuity*,1968)

11.《技术与管理》(*Technology,Management and Society*,1970)

12.《新市场及其他论文》(*The New Markets and Other Essays*,1971)

13.《人与商业》(*Men,Ideas and Politics*,1971)

14.《德鲁克论管理》(*Drucker on Management*,1971)

15.《管理：使命、责任、实践》(Management：Tasks，Responsibilities，Practices，1973)

16.《养老金革命》(The Unseen Revolution，1976；1996年再版时书名改为 The Pension Fund Revolution)

17.《人与绩效：德鲁克论管理精华》(People and Performance：The Best of Peter Drucker on Management，1977)

18.《旁观者：管理大师德鲁克回忆录》(Adventures of a Bystander，1978)

19.《动荡时代的管理》(Managing in Turbulent Times，1980)

20.《迈向经济新纪元》(Toward the Next Economics and Other Essays，1981)

21.《时代变局中的管理者》(The Changing World of the Executive，1982)

22.《最后的完美世界》(The Last of All Possible Worlds，1982)

23.《行善的诱惑》(The Temptation to Do Good，1984)

24.《创新与企业家精神》(Innovation and Entrepreneurship，1985)

25.《管理前沿》(Frontiers of Management，1986)

26.《管理新现实》(The New Realities：In Government and Politics，in Economics and Business，in Society and World View，1989)

27.《非营利组织的管理》(Managing the Nonprofit Organization：Principles and Practices，1990)

28.《管理未来》(Managing for the Future，1992)

29.《生态愿景》(*The Ecological Vision*,1993)

30.《知识社会》(*Post-Capitalist Society*,1993)

31.《巨变时代的管理》(*Managing in a Time of Great Change*,1995)

32.《德鲁克看中国与日本:德鲁克对话"日本商业圣手"中内功》(*Drucker on Asia: A Dialogue between Peter Drucker and Isao Nakauchi*,1997)

33.《德鲁克论管理》(*Peter Drucker on the Profession of Management*,1998)

34.《21世纪的管理挑战》(*Management Challenges for the 21st Century*,1999)

35.《德鲁克管理思想精要》(*The Essential Drucker*,2001)

36.《下一个社会的管理》(*Managing in the Next Society*,2002)

37.《功能社会:德鲁克自选集》(*A Functioning Society*,2002)

38.《德鲁克日志》(*The Daily Drucker*,2004;与约瑟夫·马恰列洛合著)

39.《德鲁克经典五问》(*The Five Most Important Questions You Will Ever Ask About Your Organization*,2008;遗作)

# 德鲁克研究所

克莱蒙特研究生大学德鲁克研究所（以下简称研究所）是一家社会企业，以激发有效、负责任和快乐的管理，促进社会发展为宗旨。研究所致力于把德鲁克的思想和理想转化为既实用又富有启迪的工具，以此实现这一宗旨。

研究所为了达成自己的使命，为来自各行各业的高管举办合作论坛；向中学生传授基本管理原则，帮助他们掌握能让自己富有成效且终身可用的工具；提炼德鲁克数十年的前沿思想并制作成课程，其中包括一个名为"德鲁克管理路径"（Drucker Management Path）的管理培训体系；充当全球德鲁克学会网络的枢纽——德鲁克学会是志愿者组织，努力运用德鲁克的学说为当地社区带来积极的变化。

此外，研究所还维护着德鲁克在管理和领导力领域的论文与其他资料的数字档案；开展以德鲁克著作为基础的研究；每年组织非营利领域的创新评选并颁发10万美元奖金；将德鲁克的思想应用于实际（具体做法包括研究所执行董事里克·沃兹曼在《福布斯》定期撰写在线专栏文章；每天更新"The Drucker Exchange"博客；每月播出一期"Drucker on the Dial"广播节目；接待见解和价值观与德鲁克相似的访问者）。

研究所隶属于彼得·德鲁克与伊藤雅俊管理学院，该学院致力于培养有能力把正确的事情做好的下一代领导者和管理者。有关德鲁克研究所的更多信息，请访问该研究所官方网站。

# 作者介绍

**里克·沃兹曼**，克莱蒙特研究生大学德鲁克研究所执行董事，《福布斯》在线专栏作家。里克的专栏文章在2012年由麦格劳-希尔出版公司结集出版，书名为《德鲁克现在会怎样做？》(*What Would Drucker Do Now?*)。里克还是《德鲁克演讲实录》(*The Drucker Lectures*) 的编辑，该书由麦格劳-希尔出版公司在2010年出版。里克曾在《华尔街日报》和《洛杉矶时报》担任记者、编辑和专栏作家长达20年。他还撰写过两本叙事历史书，一本名为《加州之王：J.G. 博斯韦尔与美国秘密帝国的形成》(*The King of California: J.G. Boswell and the Making of a Secret American Empire*)，另一本名为《极度暴力：约翰·斯坦贝克的〈愤怒的葡萄〉的焚毁与禁售》(*Obscene in the Extreme: The Burning and Banning of John Steinbeck's The Grapes of Wrath*)。

**安妮·菲什拜因**，摄影师。她的作品曾于众多机构展出（个展和群展），其中包括洛杉矶县艺术博物馆、旧金山现代艺术博物馆、芝加哥艺术学院、Track 16 画廊、Blue Sky 画廊、卡内基梅隆大学美术馆、巴塞罗那 El Motin de Los Angeles 画廊以及新罕布什尔州埃克塞特迈耶艺术中心的 Lamont 画廊。她的作品还被众多机构收藏,其中包括芝加哥艺术学院、纽约现代艺术博物馆、加拿大国家美术馆、法国尼埃普斯博物馆和旧金山现代艺术博物馆。

2004 年她出版了一本在俄罗斯拍摄的作品集——《归途》(*On the Way Home*)。

**布里奇特·劳勒**,德鲁克研究所档案管理员。她在克莱蒙特研究生大学获得档案研究和历史学硕士学位,目前正在那里攻读博士学位。她不久前在 A. K. 斯迈利公共图书馆实习,参与整理亚伯拉罕·林肯和美国内战时期的藏品。她是克莱蒙特研究生大学艾达·劳埃德·克罗蒂(Ida Lloyd Crotty)奖学金的获得者,该奖学金是为艺术及人文领域的杰出女性学者设立的。

Peter F. Drucker

P. S. Did I leave out anything important?

德鲁克写给自己的便条，夹在一堆散落的手稿当中

附：我遗漏了什么重要的东西吗？

彼得·德鲁克

# 致　谢

　　本书翻译/审校得到了"纪念彼得·德鲁克翻译基金"的资助。"纪念彼得·德鲁克翻译基金"由志邦家居、安微恒远、重庆麻爪爪、容知日新、锐捷网络、VeSync、西安华中等企业资助成立，旨在为德鲁克系列著作的翻译优化工作提供资金支持，以鼓励译审团队精雕细琢，反复考证，为广大读者提供更为准确易读的译本。

**纪念彼得·德鲁克翻译基金**

发起人：孙志勇　康至军

联合发起人：聂卫华　刘忠东　杨　琳　鲁振华　程振朔　于学航

# 彼得·德鲁克全集

| 序号 | 书名 | 序号 | 书名 |
|---|---|---|---|
| 1 | 工业人的未来 The Future of Industrial Man | 22 ☆ | 时代变局中的管理者 The Changing World of the Executive |
| 2 | 公司的概念 Concept of the Corporation | 23 | 最后的完美世界 The Last of All Possible Worlds |
| 3 | 新社会 The New Society: The Anatomy of Industrial Order | 24 | 行善的诱惑 The Temptation to Do Good |
| 4 | 管理的实践 The Practice of Management | 25 | 创新与企业家精神 Innovation and Entrepreneurship |
| 5 | 已经发生的未来 Landmarks of Tomorrow: A Report on the New "Post-Modern" World | 26 | 管理前沿 The Frontiers of Management |
| 6 | 为成果而管理 Managing for Results | 27 | 管理新现实 The New Realities |
| 7 | 卓有成效的管理者 The Effective Executive | 28 | 非营利组织的管理 Managing the Non-Profit Organization |
| 8 ☆ | 不连续的时代 The Age of Discontinuity | 29 | 管理未来 Managing for the Future |
| 9 ☆ | 面向未来的管理者 Preparing Tomorrow's Business Leaders Today | 30 ☆ | 生态愿景 The Ecological Vision |
| 10 ☆ | 技术与管理 Technology, Management and Society | 31 ☆ | 知识社会 Post-Capitalist Society |
| 11 ☆ | 人与商业 Men, Ideas, and Politics | 32 | 巨变时代的管理 Managing in a Time of Great Change |
| 12 | 管理：使命、责任、实践（实践篇） | 33 | 德鲁克看中国与日本：德鲁克对话"日本商业圣手"中内功 Drucker on Asia |
| 13 | 管理：使命、责任、实践（使命篇） | 34 | 德鲁克论管理 Peter Drucker on the Profession of Management |
| 14 | 管理：使命、责任、实践（责任篇）Management: Tasks, Responsibilities, Practices | 35 | 21世纪的管理挑战 Management Challenges for the 21st Century |
| 15 | 养老金革命 The Pension Fund Revolution | 36 | 德鲁克管理思想精要 The Essential Drucker |
| 16 | 人与绩效：德鲁克论管理精华 People and Performance | 37 | 下一个社会的管理 Managing in the Next Society |
| 17 ☆ | 认识管理 An Introductory View of Management | 38 | 功能社会：德鲁克自选集 A Functioning Society |
| 18 | 德鲁克经典管理案例解析（纪念版）Management Cases(Revised Edition) | 39 ☆ | 德鲁克演讲实录 The Drucker Lectures |
| 19 | 旁观者：管理大师德鲁克回忆录 Adventures of a Bystander | 40 | 管理（原书修订版）Management (Revised Edition) |
| 20 | 动荡时代的管理 Managing in Turbulent Times | 41 | 卓有成效管理者的实践（纪念版）The Effective Executive in Action |
| 21 ☆ | 迈向经济新纪元 Toward the Next Economics and Other Essays | | 注：序号有标记的书是新增引进翻译出版的作品 |